心圓、事圓、人圓

走平凡的路
圓最真實的夢想

林玉春——著

目錄

序

「甘」於平凡的不凡人生

我始終堅信平凡的事一直做，最終會堆疊出不凡的人生。

我是個保險業務員，沒有顯赫的職銜與勳績，最讓我引以為傲的是，從事保險三十六年來一如初始的熱情，任歲月流轉依然如新，未曾稍減，原因無他，因為我「甘」於平凡，不僅甘願做好每件平凡的事，人生的甜美也來自於平凡的累積。

做保險對我來說是一件快樂的事，感謝當初的選擇，更感恩同事與客戶締造我每一個開心時刻，對我而言，做好保險就如僧侶日復一日潛心早、晚課般，懷著喜悅的心，暮鼓晨鐘，專心做好每件小事，感受到周遭的人事物因為自己而不同。

很多人踏進保險業以追求卓越為職志，每日汲汲營營創造業績高峰，其實不積跬步無法千里，成功就是做好每一件小事，如果可以把平凡的每一件事情堅持到最後，便能夠締造出不平凡的人生和成果。

讓我在保險業熱情如初的最大原因，除了堅信保險具有的行善與助人功能，以及自己的「自律」與好習慣之外，陳榮昌總監是影響我最深的人，他從不要求業績，只問我們過得好不好？時時關心我們的家庭生活，為我們留下美好的回憶、寫感言與我們分享，卻能讓整個團隊齊心奮發，迄今精神仍舊與我們同在。

「自己好，周遭的人就會好」是我的人生實踐，也是陳總監的信念。他用自己證明了平凡能夠創造不凡，也帶領我們穩步保險人生，在祂離開之後，雖萬分不捨，但有幸留存他的墨寶與金玉良言，此次在書中也摘錄部分與大家共享。

無論是想要追求卓越或者是開創人生，與其在峰頂廝殺，不如安步當車。走好腳下的每一步，保險是一條最好的路。玉春這本書希望跟大家分享自己三十六年來保險人生的體悟：所有「不凡」的背後都是一個又一個「平凡」的累積。我們都希望自己一生不凡，流星璀璨不過瞬間，星星雖明滅但卻永遠在天空閃耀，只要願意持續閃爍著，每個人都是高掛天際最亮的那一顆「明星」。

01

最快的路不一定是直線，轉個彎人生更圓滿

人生一定要走，那就走一段最能讓自己快樂的那一條路；如果人生一定要做選擇，那就選擇最能圓滿人生的那一個選項。

辦公室同事的孩子來到辦公室指著陳榮昌總監的位置說：「以後這就是我的！」當時的總監笑著問他為什麼？孩子自信滿滿地回答：「因為我是未來的總監啊！」

八歲孩子的懵懂天真讓大家不禁莞爾，沒想到通訊總監已成為孩子未來的志願之一，在我的年代裡，保險事業從來都不是大部分人的選項，當然，也不會是我最初的志願。

從小我便希望自己在將來能夠當上一名老師，因為老師有寒、暑假可以陪伴自己的孩子成長，這對女生而言是最理想不過的一個職業。不負求學階段的努力，順利當上了老師。帶著濃濃的使命感，我們這一票新老師的熱情點燃了原本招生困難的中學，開學後的一個月內仍舊呈現學生爆滿爆班的情況，我的教學生涯也從此風風火火地開展。

因為教學工作的關係，當時有幾位同事跟我的互動很好，其中一位同事名叫蔡錫齡，年長我兩歲，由於他已經演完了真實版「報告班長」才進入教職，所以個性與帶班的風格偏向「硬漢」作風，往往稍不注意嗓門大了些就讓班上的小女生被嚇著，動不動掉淚，他實在沒輒，只好兩手一攤，跑來求助我這個「大女生」，這時我便從他們班的數學老師變身為專屬的安撫小天使。而我雖然數學很好，但是在音樂方面缺了點天份，豆芽菜（音符）不認識幾個，五音也不全，所以只要碰到學校舉辦班級音樂比賽就頭疼不已，只好請蔡老師來擔任我們班的指導老師，就這樣一來一往，我們成了校內公認的「最佳拍檔」。

沒想到有一天，一身傲骨的蔡老師突然決定「棄師就險」，這簡直讓我驚掉下巴，不僅如此，他還非常積極地向我推銷保險，三句不離保險的好，我心想，我是數學老師誒！來跟我講保險，有沒有搞錯？！利率我比誰都會算，人呆才買保險，當下用盡一切方法來閃避他的熱情邀約，後來禁不住軟磨硬泡，加上我所有提出來的困難點，他都能一一排除掉，而且他又曾是我最好的同事，最後我便請他幫我規劃一張年繳三萬多的保單。

75年8月5號我買下了我的第一張保單。

保單成交隔年暑期輔導下課的時候，我發現蔡錫齡在學校門口等我，我心想保單已經成交，還有事？那時他對我說：「妳是數學老師，妳應該了解一下自己買了什麼？」老實說，那時候買保單多少帶有一種半打發的心情，心想自己買完保險，繳了錢就沒事了，應該也不會再來纏著我，當時只知道自己要繳多少錢，二十年後又能領回多少，其他的細節部分也沒有花時間認真看，經他這一提醒，我也覺得的確應該要好好地來了解一下自己的保單內容，碰面時保單的部分他大約花二十分鐘講解完畢，一路上不斷跟我說南山保險這家公司有多麼的好，成長有多快速，這一點倒不算誇口。「但保險都買了告訴我這些幹嘛？」當初的確南山在起飛的階段，業績每年以數倍增長，況且當時進入南山保險公司的都是一些高學歷的大學畢業生，可以說當時的南山前景一片大好，保險聽起來的確是很有前景的事業。

見我認可了保險，蔡錫齡表示要教我如何做保險，但是，我真的沒有多餘的時間：「可是…我只有晚上十點以後有空，而且必須在家。」

我白天上學校的課，晚上兼補校的課，有時候假日還幫忙記帳，光是賺錢都來不及了，怎麼會有時間去聽保險？

「可以！沒問題！我去家裡一對一授課！」不管我提出什麼樣的反對問題，他都回我一句「沒有問題！」，對於他的毅力我只能深表佩服。

蔡錫麟最後成功地讓我踏上了保險這一條路，我也體會到了，一個人能成功不是沒有道理的，他居然願意每晚上門來進行兩小時的義務教學。為什麼要教學？因為當初業界只有南山要考資格考，考的是填充跟計算題，必須要熟知保險法規、實務與理賠的條款、計算，當然身為數學老師，這是我的強項，一次考試就通過了，事情結束了嗎？沒有！

「那麼…妳什麼時候要來南山報件？」蔡錫齡

真的要去做保險嗎？我其實也很糾結，考試對我來說從來都不是難事，但是要我放棄穩定的教職進入保險業，除了自己，包括家庭、先生與婆婆的生活都會受到影響，這些我都必須要考量在內。婆婆一開始很納悶為什麼我的同事每天晚上都來家裡拜訪幫我上課，後來知道我想要做保險，婆婆是個很有智慧的人，聽完之後只說了一聲「喔！」我很感謝她尊重我的決定。

剛開始做保險的時候，平日陪著婆婆上市場買菜，每當小販問：「妳媳婦今天不用上課啊！？」她都會笑著搶著回答說：「她今天請假啦！」我想她也在調適，不知道要怎麼跟周圍的親友說明自己的媳婦放著好好的老師不當，改行去做保險。直到她年紀漸老，時常需要往返醫院檢查身體，我都事先安排好時間親自開車接送她，有一天，她很認真地對我說：「幸好妳去做保險，我去到哪都有妳接送，不用自己辛苦，家庭、小孩也都照顧得到，真好！」婆婆真心接納了我做保險這件事。

對我來說，家庭是最重要的，不能夠因為工作影響家庭生活。所以，當決定要從事保險這一行，我便告訴自己每天六點一定要下班回到家，所有的保單與建議書都是在孩子睡著之後才開始作業。在升區經理那一年，正逢母親身故，有很多事情要忙，也有業績要完成，約有兩個月的時間都趴在書桌上睡也甘之如飴。再忙都不能忽視小孩與家庭，我感恩做了正確的選擇，保險這一行，縱使一開始辛苦了點，卻比任何行業更能夠全面顧到家庭中的每一個成員。

我從小就有很明確的「人生135」我一定要當老師，我要生3個孩子，我要買5間房。我的人生一直都是照著自己的規劃在走，這些我都做到了，唯一不在我人生規劃中的，就是人生突然轉了彎，從教育領域進入了保險這個行業。

起初我表示想要進入保險業，先生並不特別支持或反對，就如同婆婆最初的反應一樣，回答「喔！」一聲表示「知道了」，其他的什麼都沒說。三年後，我晉升區經理上台致詞時，他笑著對我說：「原本以為妳做了三個月就會回來繼續當老師，沒想到妳居然做了三年，還升上了區經理。」一晃眼，保險這條路走到現在已邁入三十六年。

曾經以為當老師是最利多的人生配置，改行做保險才知道，人生的計算題，算的不是只有收支兩項，想要什麼樣的人生，可以自己建構。保險可以讓工作與家庭兩不誤，更可以幫助他人，帶給大家快樂，這才是真正的利多。人一輩子要做的選擇太多，我們都希望能做出最棒的人生選擇，不管選擇哪一條路，最終期盼的不過是人生能夠幸福、快樂、美滿，我很慶幸自己選擇了保險，快快樂樂地走了一條圓滿了我的人生道路。

春風話語

★人一輩子要做的選擇太多，不管我們選擇哪一條路，最終期盼的不過是人生的圓滿。

★不要害怕改變，人生的轉彎或許是另一段美麗風景的開展。

★人生最重要的是選擇，而選擇的重點不在於做什麼，重點在於可以做多久。

★面對重大抉擇，目光要長遠。唯有目標正確，結果才會圓滿。

★人生要走，就走最能讓自己快樂的那一條路；人生一定要做選擇，那就選最能圓滿人生的那一個選項。

★想要什麼樣的人生，掌握在自己手中，可以自己建構。

★同樣的問題，有不同的解法，人生的計算題，算的不是只有收支而已。

障礙

回顧過去：

我的生活就像一場

充滿了障礙的賽跑，

而我就是

其中最主要的障礙！

02

只要開口，一切都不難

難以啟齒的第一次是每個從事保險的人必經的過程。開口不能保證有成果，不開口卻能保證什麼都沒有。

「六哥，你今晚有沒有空？要不要來我們家？」剛做保險的時候缺乏人脈與經驗，最好的開始就是從身邊的「緣故」做起，自家兄弟成了當然的不二人選。

「好啊！」六哥答應得很爽快，我也很開心，盼著六哥晚上來，跟他好好地「說一說」保險。

沒想到一個晚上六哥坐在面前，我拼命東拉西扯講到晚上十點鐘，什麼都講了，就是不敢開口提及自己在做保險，什麼都扯完了，就是無法扯到跟保險相關的話題，更不敢開口問他可不可以跟我買保險。

我有六個哥哥、一個弟弟，身為家中唯一的女生，備受關愛，六哥看我特意找他到家裡「聊聊」，心裡想要不是有要事商議，就是有事相求，沒想到我光閒聊，什麼重點都沒講到，這並不像我平日的作風，最後終於忍不住開口問：「小妹啊，妳和老公還好吧？」六哥擔心是不是我的婚姻出了狀況不敢跟家人講，我搖搖頭說：「老公對我很好，自己也過得很好。」

「那⋯妳是需要借錢周轉嗎？」按常理推論，如果感情沒有問題，那就是經濟上有問題了？我還是搖搖頭表示自己三餐溫飽、衣食無憂，空氣頓時凝結起來，原本六哥擔心我是跟老公吵架，要找他哭訴，沒想到我支支吾吾了半天，就只擠出了「沒有！」兩個字，問我有什麼問題，我還是一個勁地說沒有，最後他索性站起來說：「那沒有事的話，我要先走囉！」眼見他起身走到門口，就要開門離開，我急了！脫口就喊道「有啦！」

「不是說沒有，怎麼又有了？」六哥放下握著門把的手，轉身回來看著我。

「我在做保險！我已經通過南山的考試，現在想要做保險。」天人交戰了一個晚上，我終於鼓起勇氣豁出去，一口氣把話說完。神奇地是說完之後，反而縈繞在心頭的焦慮都消失了。

「好啊！那妳幫我規劃一張保單。」六哥二話不說，情義相挺。

我幫六哥規劃了一張年繳六萬多元的保單，在那個年代，年繳六萬多元是一筆不小的數目，如果那天我沒有克服自己的焦慮與恐懼，礙於顏面不敢開口，讓六哥回家了，就與成交的機會失之交臂。

那晚的緊張與不知如何開口的焦慮，一直到現在都還記憶猶新，但我很感謝當初勇敢的自己，以及支持我的六哥，雖然經歷了掙扎與跟顏面拔河，一個晚上都在說跟不說之間拉鋸，混雜了許多情緒與焦慮，還好，我決定踏出去，這一開口就幫我換來了一張六萬多元的保單。

機會一直都在，對於保險業務員來說，想得到多少機會，取決於自己開口的次數。開口難嗎？說簡單很簡單，說難也的確很難，為什麼呢？那是因為，在想要開口與實際開口的過程中，我們經過太多的心理交戰。很多時候我們會對於還沒有發生的事情做預判，認為對方一定會這樣或者那樣，先滅了自己的自信或者勇氣，但事情往往跟我們想的不一樣，就像很多人看我教書教得好好的，心中會想，哎呀！她是個數學老師，怎麼可能來做保險？事實證明有心，人人都可以成就志向。

每個人都有難以啟齒的第一次、第二次與無數次，但每一次開口都會成為現在口若懸河的基石。開口也許很難，但是不開口更難，因為身為業務員，不開口就代表不會有任何成交的機會，不開口就是零，什麼都沒有，開口的勝率絕對比逃避來得高，怕什麼呢？

我們總看到別人成功的模樣，卻忘了每個成功者都曾經是門外漢。就算是現在檯面上侃侃而談，說起保單來專業滿滿的頂尖保險業務大咖，他們曾經也有過和你我一樣的第一次，也同樣經歷過一模一樣的掙扎過程，很多初入保險的夥伴們第一次都是從緣故做起，面對自己的家人朋友往往難以啟齒，只要願意開口勇敢破冰，獲得親友認同與支持的開心是加倍的。

至於不被接受或當面拒絕，那也是正常的啊！每個人的需求與愛好都不一樣，有的人愛吃青菜，有的人愛吃肉，有的人喜歡花香味，有的人喜歡木質調，保險商品眾多，切合需求客戶才會買單，保有平常心開口讓對方有機會認識一個好商品，也為自己創造一個成交保單的機會，至於能不能將機會變成業績，又是另一件事了。

開口是成交與否的第一要件，成交難，開口更難，開了口，一切都不難。開口不一定肯定一定有人願意買單，如果不開口肯定什麼都不會有！只要開口就離成交更近一步，只要做好充足準備勇敢開口，成交還會遠嗎？

春風話語

★每個人都有難以啟齒的第一次、第二次與無數次，儘管開口，每一次開口都會成為現在口若懸河的基石。

★開口的勝率永遠比不開口來得高。

必須開口＋逃避 ＝ 站在原點（機會＝0）

必須開口＋焦慮 ＝ 不自信的表現（機會＞30）

必須開口＋勇敢 ＝ 獲得可能的機會（機會＞50）

必須開口＋勇敢 ＋ 準備 ＝ 達到成功的可能（機會＞80）

★機會從勇於開口的瞬間發生。

★開口很難，要克服的是自己，不開口更難，因為要面對的是生活。

★開口不能保證有成果，不開口卻能保證什麼都沒有。

★開口若有，就是賺到，開口若無，就是回到原點而已，勇敢開口吧！也許是下一次成交的基礎，沒有損失啊！

03

工作娛樂兩不誤，荷包與心靈都滿足

青春正甜，怎樣都美。雖然我一畢業就進入教育界工作，每天兢兢業業地教書，但是，花樣年華的少女，青春並不留白。就算現在已滿頭銀髮，歐巴桑也有年輕的過往，在青春歲月裡，誰沒有那一兩個聊到半夜的閨蜜跟風花雪月的年少輕狂。

「妳才剛回來嗎？」媽媽睡眼惺忪地問。

「我已經回來很久了喔！要睡了，晚安！」我吐吐舌頭，快閃回房。

每個星期四，我和學校一位相當契合的女老師會在下課之後相約一起騎車去西門町的 Piano Bar 聽音樂或者是到餐廳聽歌手演唱，兩個人點著飲料坐在吧檯前靜靜地沉醉在優美的音樂中，結束之後，我會騎車送她回家，有時候兩個人聊到意猶未盡，回到家已經是凌晨兩、三點，接近媽媽醒來為在市場賣菜的哥哥準備早餐的時間。偷溜進門絕多數能安全上壘，有時候還沒溜進被窩前被媽媽撞見，隨口找個理由唐塞過去也有驚無險。

「李老師！妳昨天騎車去哪裡？」

「騎車？我什麼時候會騎車？」

「我昨天騎車在妳後面，看到妳騎機車的背影」

「那是林老師載我啦！」

同校的女老師身材高佻，與她相比，我顯得份外嬌小，每星期四我們共同有課的晚上，都是我騎著摩托車載著她去夜遊，同事從背後看過去，我的身體恰好被李老師完美遮蓋住，以為騎車的人是李老師，誰也沒有想到，看起來內向害羞的我，反而才是帶著大家「玩很大」的那一個，不只和同事享受下班時光，我假日也帶著學生一起體驗生活。

「媽，我今天要帶學生出去玩喔！」

「我看妳比學生還愛玩！」

每到星期日，我總是吆喝著學生一起出去玩。知女莫若母，媽媽知道我玩起來比學生還要瘋卻從來不阻止我，她知道我會將負責的事情做好，該乖的時候真的很乖，也就任由我在不耽誤人生正事的情況下享受青春的多采多姿。

在我看來，玩樂跟工作是不衝突的，人生不可能只有讀書或者只有工作，還有很多其他的生活型態。為了工作犧牲掉其他並不會使生活變得更好。帶學生出遊，一方面可以讓他們的壓力獲得正確的紓解，讓課業更進步，也能更近一步瞭解學生的真實個性與內心想法，也有助於輔導工作，何樂而不為？

很多人不快樂的原因就在於賺錢的時候滿腦子想著出去玩，在玩樂的時候又想著工作做不完無法交差怎麼辦，不斷內耗之下，身心都疲累。俗話說，心猿意馬則精力渙散。如果做事不專心，玩也不盡興，還不如放空算了。在工作時候專注工作可以得到成就感，在娛樂的時候盡情放鬆可以得到壓力的舒緩，所以，該乖的時候乖，該瘋的時候瘋才是王道。工作的時候認真工作，享受生活的時候享受生活才是人生。賺錢是為了要成就理想的生活，如果因為要賺錢而犧牲生活，那就本末倒置了。

從青春洋溢到滿頭銀髮，我依然保持著賺錢與玩樂兩不誤的節奏。進入了保險這一行，更是高度結合自己認真工作與享受生活的特質，讓自己每天上班都很快樂。很多人覺得每天要拜訪不同的客戶很累，而我當出門找朋友聊天，可以約下午茶，也可以揪聚餐，不僅能交流情感還能順便講保單。又比如說，很多人覺得服務居住在外縣市的客戶必須要跑很遠，一天下來可能只能處理一件事，在我看來，這是多一個可以順便去旅行的機會，回程走不曾走過的路，到當地著名老街到處逛逛，品嚐當地的美食，多棒！想想，除了保險，有哪個工作可以讓自己又能交朋友、上班時間又能到處走走看看，還能同時完成工作？教書時，我致力工作與休閒兼顧，進入保險業之後，工作跟休閒早已融合在一起，不僅結合工作與娛樂，更能讓自己的荷包跟心靈都滿足。每天都用這樣的心情開始一天的工作，怎麼可能不快樂？

春風話語

★為人生努力與享受快樂從來都不是非黑即白的兩件事。

★人生從來不是只能這樣就不能那樣，我們可以結合工作與娛樂，讓自己的荷包跟心靈都滿足。

★生活就像拉皮筋，要拉也要鬆，工作的時候專注事業可以得到成就感，在娛樂的時候盡情放鬆可以得到壓力的舒緩。

04

薪水有多高，責任就有多重

「這有沒有算錯啊？」第一次領到保險公司打給我的薪水，我看著那張薄薄的薪資條上面所寫的數字納悶，一直在想，這是不是打錯了啊？是數字弄錯了？還是人名寫錯了？左看右看都覺得奇怪，薪水條上的數目讓我覺得匪夷所思。

「那都是電腦算的，不會錯啦！」主管很肯定地回答。

是真的……哇塞！原來做保險的薪水這麼高？！！我真的是入對行

了！

記得第一次領到薪水的時候，驚訝的程度堪比中了愛國獎券。在那個經濟起飛的年代，教師是薪水穩定的鐵飯碗，比起各行各業來說，教師薪水條上的金額成長幅度也很穩定，增長幅度不多。剛做保險的第一個月，靠著緣故的六萬多元的保單，我領到了第一筆薪水。薪水單上的數字讓我眼睛一亮，基於數學老師天生的敏銳，怎麼看都覺得六萬多元的保單可以領到那樣數字的薪水實在很誇張，在保險業服務多年之後覺得那樣的薪水是合理的報酬，畢竟從保單成交開始到保單終止，一位客戶平均需要服務的時間至少二十年，一筆佣金折算下來是二十年的服務費用，領到那樣的薪水是合理的，其實也真的算不上很多。

領到第一筆薪資的雀躍，的確給了當初的我繼續留在保險業努力往前的動力，卻不是決定長期留在保險業的最大因素。真正讓我決定一輩子在保險這個位置上「不退不休」是因為體認到了每一筆成交的保單都是客戶對我的信任，而每一張保單的成立都是我對客戶負責任的開始。跟客戶的緣分不是隨便說斷就可以斷的，對客戶的責任就是業務員一輩子的甜蜜負擔，必須負責到底。

保險業跟其他行業最大的不同就在於此，契約成立的當下就是責任的開始。

有良心與專業的業務員，在乎的是對客戶的責任而不是單次的成交買斷。保險不是零售業，零售商品賣出是一次性的交易關係，一般商品的保固期限少則一年、三年，了不起五年，而保險的「售後服務」卻是用一輩子來計算的，往往保險業務員服務到要保人或被保險人的一輩子結束或者服務到自己退休或者是自己的一輩子結束，所以，在保險業這一行服務的客戶越多，薪水就越高，而薪水越高，責任就越大。保險業務的職責是服務有需要的客戶，在說明保單內容、進行契約變更、事故理賠以及和送件等大小瑣碎事項都需要協助客戶處理。當客戶與公司的保單契約成立，不僅是業務員薪水數字生成的開始，同時也是服務與責任的開始。

坦白說，我愛賺錢，而且天生就喜歡，在保險業領到的每一筆薪水能圓夢也可以助人，當然是越高越好，無論是當老師還是做保險，薪水跟努力與能力是成正比的，對我而言，薪資條上的數字就是對能力與努力最大的肯定。秉持著專業與熱情，從事保險到現在，客戶名單已經增長到了一千多名，這代表身上肩負著服務一千多人一輩子的責任，每一位客戶我都能不需看電腦資料快速唸出名字，客戶是從事什麼行業？家裡有多少成員？小孩多大歲數？子女唸什麼學校？這些我都瞭若指掌清清楚楚，甚至是大多數客戶人生重要時刻都有我的參與。客戶的數量並不是我最終的追求目標，我要求自己對客戶要有精準的高質量服務，因為我很清楚，每一筆薪資的背後就是一份的責任，也是實實在在的服務與付出。我的服務要對得起我領的每一筆收入，我的薪水都要收得心安理得，問心無愧。

很多同仁進入保險業後，一方面可能因為對自己的期許太高，又或者是因為生活的壓力不得不，也可能是必須要符合公司晉升、主管的業績要求，每天不斷地讓自己拼命追著業績跑，讓自己不知不覺地落入跑業績的倉鼠踩輪子模式，每天拼命開發客戶、努力成交保單，在這樣的獎酬機制催化下，久而久之，業績就成了一種自我肯定的基準，卻忘記了保險業務的根本是為了要服務客戶而存在的，雖然業績的高低反應薪水的多寡是必然的，但薪水是公司支付給業務員服務客戶一輩子的報酬。客戶給我們業績，公司給我們薪水，而我們要為客戶服務是理所當然的。薪水與責任成正比，我們要對得起自己所領的薪水，這是保險業務員最重要的認知。

春風話語

★保險的「售後服務」是用一輩子來計算的。

★每一筆成交的保單都是客戶的信任，每一張保單的成立都是對客戶負責任的開始。

★佣金是服務客戶一輩子的報酬，在積極開發客戶與成交保單的同時，收穫的不只是一時的薪水，還有客戶一輩子的信任。

人數X保單＝業績

薪水＝服務年份X人數

★薪水與責任是成正比的，薪水越高，責任越重。

★薪資的背後就是責任，是實實在在的服務與付出，我們要對得起自己所領的薪水，這是保險業務員最重要的認知。

05

謝謝為難你的人，阻力也可以是助力

「我的桌子壞了，可以換一張嗎？不用新的也沒關係，是完整的就好。」我指著自己那一張明顯屬於「殘障」類準「報廢」屬性的桌子問助理。

「有的，有的，我有幫妳申請過很多次了，但是不知道為什麼沒有下來，真的是很抱歉，對不起，現在還不能幫妳換。」助理很不好意思地連聲跟我說抱歉。

我是個很理性的人。通常在做任何決定之前一定會先通盤考量過，只要想清楚了，做決定後就不會輕言放棄。當初毅然決然決定轉職到保險業，我替自己留了一條回頭路，想著如果真的不適合，還能回去教書。會這樣考量並不是保險這個行業不夠好，就是因為保險這一行足夠好，才讓我當初動了想要轉職念頭，甚至直接付諸實行，為自己留一條後路只是因為那時候的我並不知道自己投身做保險會不會一直很快樂。對我來說：「能不能一直很快樂」這一點絕對重要，如果我做得不快樂，那麼就算薪資再怎麼優渥，都無法支持讓我想要繼續做下去。所以，剛進入保險業的時候，我選擇了用「兼職」的身份開始，先入行試試「水溫」，如果做得不快樂，就回學校教書。沒想到業績做得還不錯，過一陣子就晉升主任。

當上主任是件好事，代表了能達到一定的業績要求，我的能力受到了肯定，只是萬萬沒想到，自己不僅晉升了主任，同時在總監的「特別照顧」之下，也榮升了「門神」。當時的總監將我的主任辦公桌就安排在他的總監辦公室門口，每天盯著我這個「顧門口」的主任，三不五時都能感受到他關愛的眼光如雷射般掃過，這讓我渾身不自在，後來為了擺脫門神地位，我努力地表現，順利晉升襄理。由於依然還是兼職的身份，總監也一樣「另眼相待」，安排了一張獨一無二的桌子，放眼辦公室裡，每個人的辦公桌都是四腳安在，只有我的襄理辦公桌腳是標準的「三缺一」：一張桌子只有三隻腳是好的，缺的那一腳則用磚塊疊起來撐著。一開始我以為這是暫時性的並不以為意，時間一久，就算再怎麼神經大條的人也覺得不大對勁，多次跟助理明示、暗示那張桌子年邁體殘，不適合再繼續執業，可以換了，助理也回應了很多遍，表示已經申請、再申請，不管怎麼寫都請不下來，所以無論我怎麼問，新的桌子說不到就是不到，每次上班看到那張桌子既無奈又難過，只是想要跟大家一樣有完整的桌子，怎麼就這麼難？助理也不知道該怎麼辦，就請我先將就著用，還安慰著哪天新桌子就來了。

「現在妳眼前有兩條路可以選，妳要繼續兼職就繼續用那張桌子，要轉正職我馬上幫妳換桌子。」總監並不諱言這特殊安排是他的意思。

我看著總監，心中明白這塊萬年換不到的桌子是對方的刻意而為，總監的態度很清楚，不做選擇就繼續受著，看誰能撐。面對這樣明擺著的為難，當下沒有回應任何一句話，回家後，我思考了很多，在腦子裡把整個利弊得失都跑一遍後，認為保險的確是個好工作，我也很喜歡，沒有道理因為別人的行為放棄自己的客戶，再衡量自己的家庭狀況，老公工作穩定，家用也能負擔，自己倒是可以在校外有更大的發揮，於是當下也就笑了，選就選，哪有什麼大不了！人要往前走，我就不走回頭路了。

有時候想，會來做保險的人可能天生就有點「背骨」，想要逼走我，我偏偏不要，我就是要留下來擁有一張「像樣的」桌子！我在保險業服務邁入第三十六個年頭，這並不僅僅只是為了賭當初的那一口氣，而是我清楚知道，我熱愛這個工作，當初的總監是讓我能更快釐清楚內心感受的力量。

我一直很感恩，如果沒有總監的「超常發揮」，讓我不得不選路走，或許會更慢才走到目的地。有時候我們在面臨難以抉擇的當下，或許就是需要有那麼一個人，或者發生一些事，讓我們能夠更明快清楚地做決定。

每個人都有自己的追求，在我們努力圓滿人生的路途中難免會遇到一些阻力，這些阻力也可能是助力，不到最後誰也不知道結果，或許回首來時路，才發現如果當初沒有這些阻力，就沒有一躍而過的自己，與其生氣不如爭氣，所以，感謝那些為難你的人，因為他們幫助你發現更好的自己。

春風話語

★人生若沒有障礙，就沒有奮力一躍的自己。

★一切的安排都有它的道理，只要做好自己。

★不要陷入情緒的輪迴，生氣不如爭氣。

★珍惜當下，放眼未來，不走到最後，誰也不知道等在眼前的是什麼風景。

★無法改變別人，但可以改變自己，無法改變環境，但可以改變心境。

★一切都是最好的安排，對於所有的發生，都要心懷感激。

06

追求八十分達標，保有二十分的更好

沒有付諸實踐的夢想是空的，目標要夠大，執行要踏實，一切都能成真。

晉升區經理的那一年，必須要經營團隊，卡內基的高階經理人課程是一個分水嶺，代表我進入保險業後所學習到的內容從初階的人際關係進階到了高階的目標管理實務，從這些課程學到了如何制定目標及用具體行動去落實目標的策略與方法，我覺得這真的是太棒了，於是開始將自己所學習到的各種方法運用到工作與生活當中，短短幾年內便獲得了很大的成長。

在民國七十九年回顧自己此生所訂定的目標，發現當時已將所列出來的目標完成了八成以上，真的是太神奇了！當下感到無比的開心與滿足，也覺得非常有成就感，沒想到自己絕大部分的心願在合理規劃與按部就班的實踐之下竟都提早完成了，我從中感受到了只要踏實執行，目標再大都不成問題，就算不能馬上百分之百達標，也能保有一定程度的達成，這同時增添了自己往後在工作及業務上的自信。

很多人可能會覺得，我當時才完成了八成，又沒有百分之百做到，有什麼好高興的？八成的達成率充其量不過才八十分，到底有什麼值得驕傲的？

的確，在這個考一百分才算優秀的環境裡，許多人連拿到九十九分都被認為不夠努力，總會聽到：「好可惜啊！就差那麼一分！」我反而會覺得「好棒啊！能夠做到九十九分，真是太厲害了」，如果我們看見了自己努力所得到的那一塊，而不去計較沒有得到的那一些，那麼沒有做到的這一分相較之下就顯得微不足道。沒考到一百分又有什麼關係？這並不代表自己不夠好，只說明了我們下次可以再努力，還能夠再成長，還能夠更好，這是多棒的一件事啊！

如果什麼事情都抱持著非要做到一百分不可的心態，那麼不管做什麼都是不會快樂的。從小到大我們在菁英教育養成體系中長大，多數人總是以追求一百分為志向，不容許有一點的差池，不管是考試、業績或者是人生的目標，總覺得如果沒有達到百分之百的完成，就是自己不夠好。這是相當危險的思維，如果每件事情都用達成率當作自我肯定的標準，有沒有達標就變得無比重要，這樣一來便容易丟失初衷，忘卻當初快樂的悸動。

達到了一切目標卻一點也不快樂，那麼達到目標又有什麼意義呢？做到八成，代表我做到的比沒做到的多，也不代表做不到其他兩成，只是還沒做到，何況我接下來能做到的或許遠遠超過這沒做到的兩成，這是多麼值得高興的事啊！看「擁有的」，而不看「沒有的」，人生將快樂許多！

關於「達標」這件事情，我一直認為要破除一百分的迷思，人生不是考試，拿到一百分不代表就有完美的人生，更不是完成公司極峰競賽就表示客戶端百分之百滿意。在保險這一個區塊，業績不是衡量成就的唯一指標，能夠確保成就的是習慣與態度。我們真正要在乎的不是完成多少業績或成交多少張保單，而是幫助了多少人圓滿了他們的理想與人生。

我們要思考的是過程中有沒有確實做好每一件事情，但求努力的過程中有百分百的盡力，不苛求目標百分百的達成。如果達到了八十分，就可以了！就像以往教學的時候，如果學生考到了他所設定的理想分數，或者是已經盡力做到他所能做到的，我都會予以肯定：「很好，這樣很好！」，因為，所謂的進步，不在於進步的分數有多少，而在於態度與作法的調整，如果我們在過程中能夠不斷優化自己的態度與作法，那麼，分數的增長也不過是時間的問題而已。

身為資深保險業務員，我很清楚並不是每一件 case 我們都能順利談成，也不是每個月都能夠業績達標，莫以一時的成敗來論英雄，只要努力的過程中不斷優化自己，每天懷著愉快的心境拜訪新、舊客戶，成長就是一種必然，達標則是一種當然。

我曾經是數學老師，對數字有很高的敏銳度，卻從來不輕易給自己打分數，保有八十分的達標代表擁有二十分的空間可以讓自己更好，若能一直持續成長便是好上加好。

我從來不用完美主義來要求自己，想想，我的人生還那麼長，還能在創造出更多的新目標。更何況，如果一直保有著二十分更好的可能性，這樣的彈性空間可以讓人生路上持續成長，不斷進步，更能讓我們每天都有動力再出發。只要我們願意，成長的空間將是無限大。

春風話語

★人生不是考試，拿到一百分不代表就有完美的人生。

★業績不是衡量成就的唯一指標，能夠確保成就的是習慣與態度。

★不以一時成敗論英雄，只要不斷優化，那麼成長就是一種必然，而達標則是一種當然。

★不苛求目標有百分百的達成，但求努力的過程中有百分百的盡力。

★八十分的達標很好，因為還有二十分的空間可以更好，持續成長便是好上加好。

★看你「擁有」，不看「沒有的」！人生將快樂許多！

★肯定自己的努力，哪怕只完成一樣，都離目標的完成更近一步。

★我們真正要在乎的不是完成多少業績或簽到多少保單，而是，我們幫助了多少人圓滿了他們的理想與人生。

★不要侷限自己的可能性，因為我們的成長空間無限大。

★沒有付諸實踐的夢想是空的，目標再夠大，只要踏實執行，一切都能成真。

人活著，

若不是為了

讓彼此生活得更輕鬆，

那又是為了什麼呢！？？

讓愛成為彼此的滋養，而非枷鎖！

07

用公務員的自律穩端保險的鐵飯碗

從穩端鐵飯碗的教職轉到沒有底薪的保險行業是我人生中最好的決定之一。多數家人與朋友們對我轉換跑道的決心感到十分訝異，畢竟老師的社會地位高，薪水又穩定，好好的鐵飯碗不端著，做保險有一頓沒一餐，有什麼好？怎麼會這麼想不開？其實，如果把保險業務員當成公務員來做，不僅可以擁有鐵飯碗，而且想要捧多大碗就有多大碗，想端多穩就能端多穩，我就是最好的證明。

很多人選擇當業務員是因為不需要打卡上班，老闆也不會二十四小時盯哨，做多少工作能自己決定，薪水由自己掌握，我也的確是因為業務工作除了利己更可以利他才決定轉跑道，對我來說，這是一份可以超越極限的好工作，因為我是個可以自我要求的人，所以，只要我想做，薪水是沒有極限的，雖然表面上怎麼都比不上固定薪水的工作安穩，但是只要我勤做，那麼我還是可以有穩定的收入，工作有彈性又有高薪。

把自己當公務員，將公務員的良好特質發揮得淋漓盡致是我一直以來堅持的態度。初期時孩子還小需要照顧，我維持著朝九晚六的工作節奏，孩子長大獨立之後，除非與客戶有約，仍然保持每天進公司參加晨會，做建議書、處理保單，下午安排拜訪客戶，晚上再依據客戶的需求做調整或者整理今天的資訊，一直到晚上九點多才離開公司，三十六年來風雨無阻。就算是假日陪先生出門練劍道，在他練習的時間裡，我就到公司一邊工作一邊等他，既能兼顧工作又能夠陪伴，家庭與事業兩不誤。

自律性與積極性加上執行力能保證設定的目標與結果成正比，同時設定目標時也要給自己留上餘裕，比如說，一名業務員如果一個月想要成交十件保單，卻只想花十天拜訪客戶，也只安排跟十位客戶見面，這樣一來必須要每位客戶都成交保單，才能達到自己所設定的目標，成交壓力相對大。相反地，如果目標同樣是成交十件保單，卻用二十個工作天安排見客戶，每天安排一到兩位客戶，這樣不僅從容不迫且有足夠的時間熟悉客戶的需求，在見面的這二十或三十個人當中，只要有一半到三分之一的人願意成交保單，就達到了目標，心理壓力自然減少，可以無壓力達標，成交的客戶若超過十個人，就是超標，信心自然跟著增高。

很多新進業務會抱怨自己沒有業績，或者是成交很困難，但我們都知道，業績與投入的時間成正比，三天捕魚兩天曬網的態度自然不如妥善安排時間拜訪客戶業績好，自律就是業績的保證，想像一下，如果在公務體系上班，除非是遇到狂風暴雨出不了門的颱風天，人事行政局宣布停班，或者是國定假日，才有可能不上班，只要在平常上班日，不管什麼情況都要乖乖出現在辦公室，為什麼一進入保險業或者是從事起業務工作，就不能做到了呢？如果拿出公務員朝九晚五的精神來做保險，每一天都能從容穩步達到自己的目標，根本就不需要擔心自己不能達標，而且只要拜訪的次數夠多，不僅可以穩健達標更可以輕鬆超標。

除了上班時間跟公務員一樣固定之外，大小晨會我也一定出席，專心聽講並認真做筆記，一年下來可以聽到兩百多場專業同仁的分享，每天都能學到新的事物，算一算，從進入保險業到現在，我一共聽了三十六年加起來多達幾千場的晨會與講習，除了與客戶有約，其他時間皆風雨無阻準時出席聽講，儘管很多內容可能都比台上的講師嫻熟，仍然保持不間斷的自我學習，同時希望自己能夠成為新進同仁的榜樣，讓他們看到活到老學到老的精神。很多人不愛開晨會，但是參加晨會多好啊！除了保持與領域接軌、吸收到最新的訊息，自我成長，更能將所學到的專業知識跟同仁一起分享，不需要自己多費時間準備，每天都有新的資訊可以帶給客戶，一兼二顧，一舉數得。

除了準時到班、定期參加晨會、規律拜訪客戶，每天安排好的客戶一定按計劃完成拜訪，在每次訪談完客戶之後，我一定會將當天發生的重要事件記錄下來，包括客戶的家庭背景、喜好與需求，如果當天講到什麼樣的事情讓客戶稍微出現情緒波動，也會特別記錄以提醒自己下次要留意說法或避免提到相關的語詞。此外，從紀錄開支中明確自己的用度尤為重要，如果交際費跟交通費都達到一定的數額，就代表自己踏實努力工作，這就跟公務員撰寫工作日誌與報表是一樣的，即使沒有人要求我這麼做，靠著自我要求與三十幾年如一日的紀錄幫助我在保險的領域能夠做到日精月進。

所謂的自律就是自我管理與自我要求。有一句話是這麼說的：「你有多自律，就有多自由。」正因為行為自律所以能夠在心態上自由，我很清楚自己做了多少，還有多少沒有完成，所以心態很穩定，不會焦慮，安排時間也很從容，不需要拼命壓縮，自然不會產生壓力而導致焦慮。一個業務員的心理穩定度是相當重要的，如果心裡焦慮著急，客戶是可以感受得到的，反之，不帶成交壓力去面對客戶，專心解說保單與聆聽客戶需求，那我們的誠意與專業就能讓客戶充分感受到。

業務這門工作簡單來說，就是「你有多自律，薪水就有多高。」決定薪水高低的不是客戶，而是我們對工作的態度。很多人對業務工作的不穩定性很擔心，總覺得這單成交了之後，下一單不知道在哪裡，這一頓吃飽了，下一頓不知道有沒有著落，做業務這一行想要擁有穩定收入的關鍵就在自我管理，簡言之，就是「想要得到什麼，就成為什麼樣的人。」如果想要穩定的鐵飯碗，那就要穩定的執行工作進度。

保險工作是一個很適合所有人的工作，喜歡刺激，想要高薪的，可以盡情衝刺，喜歡安定，想有穩定薪水的，可以耐力長跑，如果想捧個超級無底洞的鐵飯碗，就讓自己當個保險公務員吧！

春風話語

★想要達標的方法有兩種，一種是增加達成率，一種是降低失敗率。

★投入時間×規律復盤＝成交率

★不要害怕被拒絕，只要拜訪的客戶夠多，成交的機率永遠比被拒絕的多。

★心境從容影響表現的自信與誠懇，越自信與誠懇就越容易成交。

★成交沒有捷徑，談得越多，堆疊起來成交的機率越高，也許是下一次成交的基礎！

★心態穩健做好每一步，就能夠勝券在握。

生活簡單：心思就單純；

心思單純：腦筋就清楚；

腦筋清楚：

做起事來更專注；

專注結果：

效率成果一定好！

08

大小無差異，積沙能成塔

做保險這一行就像是倒吃甘蔗，最後一定會嚐到甜頭，在過程中要有足夠的耐心去細啃慢咬。

早期剛進入保險業沒有太多人脈，除了做緣故，更要做陌生開發，多數保險業務員都跟我一樣，在一開始的時候必須要到處拜訪客戶，積極發掘客源，直到累積一定的穩定客戶量。一路走來到現在，目前服務的客戶多數是舊客戶或者是轉介紹而來的新客戶，只要盡力做好服務，不需要擔心業績，也不大需要再到處奔走。

很多剛進這一行的業務總是擔憂自己沒有保單，或認為新手只能做到小保單，每天煩惱達不到當月的業績，總想成交大保單。誠實說，沒有人會對大客戶說不，只要有幸簽到大客戶就像中了樂透彩一樣，但是想簽到千萬或者上億的保單需要天時、地利與人和加持，有時候想求還不一定求得到，也可能好幾年就出現那麼一張，我們可以對成交大保單抱有期待，但是不要因為想要成交大保單就空等待，在保險這一行，只要不貪多，不操短，務實地去做，積少總會成多，就長遠來看反而是利多。

人人都想得到大客戶，更想要簽到大保單，有這樣的雄心固然很好，只把目標放在大客戶身上容易失去初衷。保險最核心的根本是助人與分攤風險，而業績往往是因為圓滿了客戶的需求而來，不應該因為是保單大而去追求，也不應該是因為保單小就不願意做。而且這世間瞬息萬變：「大客戶」不一定永遠都能保證能讓我們擁有大額的業績，而小客戶也不一定永遠只買小保單，想想我們與客戶在一開始的時候並不熟悉彼此，要客戶一下子就交付千萬身家在我們身上也太過於為難客戶，有時候，一張小保單建立的信任，到最後可能會發酵成難以想像的大保單。保單不分大小，都能幫助到客戶，客戶不分大小，都是我們服務的對象。「全面」做好服務還是最基本的，而且「抓大放小」存在著潛在風險。

舉例來說，很多業務喜歡「大單」，認為只要把時間花在經營大客戶與大老闆身上便能保證業績掛帥，根本不需要花時間去跑幾千塊的小保單或者拜訪只能買幾萬塊保單的小客戶，這聽起來似乎很有道理，畢竟時間有限，有誰不想要創造更好的收入？而我並不完全贊同這種做法也不會這樣做，原因很簡單，很多人忽略這樣做會有潛在的風險存在。舉例來說，假如自己所服務的主要客戶都是從事單一類別產業的工作，那麼一但景氣循環，就有可能會衝擊到自己的業績，就像如果自己的客戶都是從事建築業的董事長或者大老闆，那麼只要能夠成交保單，業務員簽到的都是小則百萬多則千萬甚至上億的大單，乍聽之下似乎很好，但是如果遇到景氣不好的時候，一旦建築業受到衝擊，可能就沒有辦法繼續繳交這些鉅額的保費，保單如果沒有辦法續繳，保單的存續就成了一個很大的問題。

這就好像農夫想要快速賺到大錢，就把自己所有的田地都拿去種植高經濟的作物，這類作物大多數抗旱或耐災能力遠不如五穀雜糧，所以，一旦遇到了氣候突變、突如其來的寒害或者蝗災蟲害讓農地欠收，農夫就可能要餓肚子。在鬧飢荒的時候，不要說嬌嫩難照顧的特殊作物，就連一般的稻米都可能種不出來，種什麼最實在？地瓜最實在。那些平常丟在田埂邊都沒有人想要看一眼的地瓜，可能就是保命的好物。

也就是說，當遇到大環境衝擊的時候，反而是小客戶保單續繳率是高的，因為越是收入不豐的人越是需要保障的照顧，而一個月繳三千元或者五百塊的保費，對客戶來說，就算工作再怎麼辛苦、景氣再差、日子再怎麼不好過，只要稍微調整用度，勒緊一下褲帶也都還是繳得出來，如果是大額保單，那就有可能遇到「清吃都不夠了怎麼還能拿去曬乾」的窘況，況且，不要小看這一張張的小保單，日積月累下來，加起來也是很大的數量。我當然也贊成有機會我們當然要努力抓大，但是重點在千萬不要因為想抓大就放小，抓大不放小，就算抓不到大的，小的也能積沙成塔，保證收入常在。

再換個例子來說，大保單就像是大餐，而小保單就像是我們平常的飲食，偶爾來一頓山珍海味，會讓我們很開心，但是我們不可能三餐都能夠吃大魚大肉，在大多數時間裡吃的都是家常小菜，才是常態。要有這樣的認知，做起保險才不會患得患失。而且，保單的配置就像攝取營養，健康均衡的飲食才能長壽，大小通吃才能長久。

說真的，保單沒有大小的區別，客戶也沒有大小的差異，都是需要我們幫助與服務的對象。小保單沒有不好，畢竟富的保單，千載難逢，小而美的保單，四時常在。只要記得抓大不放小，成塔也只是時間的問題。更何況，保險這條路還很長，穩扎穩打，才能走得久遠。

踏穩腳下的每一步，保險就是一條最好的路。走過三十六年，能夠讓我平順到現在的，不是成交大保單，而是幫助到每一個需要的人。在我的眼裡，沒有保單的大小，只有需要圓滿的人生。

春風話語

★客戶不分大小，保單也不分多少，每一份保單都是一個需要服務與幫助的對象。

★做保險就像攝取營養，健康均衡的飲食才能長壽。

★積少成多，積沙成塔，客戶也可能等比級數增長。

★大而富的保單，千載難逢，小而美的保單，四時常在。

★踏穩腳下的每一步，保險就是一條最好的路。

★保單不分大小，都能幫助到客戶，客戶不分大小，都是我們服務的對象：「全面」做好服務才是開創業績的基本功。

是的

明天過了，當然還有明天，

但是：

那個明天是您的嗎？

真的，

您必須常常如此質疑！

09

保護自己更要保護客戶，誠實是做保險最好的方法

當業務員盡心盡力做保險到一定的時間，一定會做出口碑，有很多人會「慕名」而來，此時切莫見獵心喜，素未謀面的人為什麼會想要找自己替他處理保單需要多一層思考，這並不是告訴大家要質疑自己，天降大保單的確值得開心，但是，為什麼是自己？保單的成交當然是多多益善，不過一個專業的保險業務員除了熱心服務之外，還要有相當的保護意識，保護自己更要保護客戶。

我認為要把保險做好的方法，就是講實話，這也是保護客戶跟自己最好的方式。很多人為了業績，行銷時避重就輕，現在的業績以後就會成業障。在為客戶健檢保單的時候，好跟不好都要真實地說明，因為每個險種都有優點與缺點，如果我看別人的保單都只說它不好，而不講它好，講自己的保單就是只說好的，不講不好的，這都是危險的，因為這就像射箭一樣，箭射出去了，力道會回自己身上。所以，我覺得每個業務員都應該以壽險顧問自居，好好替客戶講解分析每張保單，不可能可以包山包海，說明完之後要讓客戶自行去選擇，如果客戶評估不出來，再協助購買最適合的保險。

在保險業三十多年間有很多機會近距離看到世間的人情冷暖，有時候客戶會問我，該不該把保單解掉，如果是像實支實付之類的保單，我會告訴他們千萬不要解，因為沒有用到代表老天的眷顧，但是要用到的時候，就能夠免除掉自己的風險。沒有任何保險在身，如果有了萬一，對家人是一種很大的負擔與考驗，像是自己的一位客戶，本身有保險，但是先生沒有，當她坐月子的時候，先生不幸因為車禍死亡，只能夠請領三十五個月的勞保給付，幸好公司以職災方式處理，可以請領到四十五個月的給付，這應由配偶及子女領取，但是婆婆認為自己把兒子拉拔長大勞苦功高，並沒有考慮到媳婦跟剛出生的孫子，堅持要拿這筆錢，後來，媳婦連夜搬離，直接到勞保局把錢領走。很多時候，風平浪靜時大家都相安無事，一但遇到事情，人性往往在這個節骨眼全部顯露無遺。

有時候客戶也會表示不想買保單，我通常都會笑著跟她說：「沒有買也沒有關係，就自己開保險公司。」

「我是家庭主婦怎麼可能自己開保險公司？」客戶一臉困惑。

「自己承擔風險，有事自己付錢，妳自己就是小型保險公司啊！」

保險最大的功用就是分攤風險，不管客戶是決定要自己承擔風險，或是付少少的錢讓保險公司去承擔風險，這都可以讓客戶自行去評估的，真理只有一個，說真話就是最好的方法，當然我們還是認為最終的決定權還是在客戶。專業是可以攤在陽光下檢視的，我們能做的就是，保護客戶，誠實以告。

簽保單要很仔細，但後續服務更加重要，必須注意每一個環節。朋友曾發生一個案例：

要保人：王先生，被保險人：王母，受益人：王先生，繳滿20年。

情況一：被保險人（王母）身故，身故金由受益人（王先生）請領。

情況二：要保人（王先生）身故，王母請業務同仁來變更要保人／受益人，但業務員未處理，後來被保險人（王母）身故，身故金由王母的法定繼承人（王先生的兄弟姐妹）請領，列入王母的遺產。

王先生已繳滿保費，但是因為業務員的疏失（未變更要保人及受益人），導致王先生家屬理賠權益受損。所以業務員扮演很重要的角色。

業務員是客戶權益的保護者，現在的社會比以前傳統社會更需要保險，因為以前是家族群居的大家庭，不管發生什麼事情，大家都能幫忙承擔一點，但是現在生育率低，很多人選擇不婚或者當頂客族，遇到事情就沒有那麼多人能夠替自己承擔，有沒有安排保險差很多。我打從心裡認同保險的重要，每一次經手理賠，都更加深我對保險的肯定。

有位客戶罹患了扁桃腺癌症，必須要進行自體免疫療法，雖然這個療法還在實驗階段，有高風險存在，但醫生表示這是最後的一步，要不要做？當然！儘管做一個療程要花上五十幾萬，整個過程總共要花上貳百多萬，但是只要能救命，錢在生死之間是微不足道的。沒想到在做完的一個星期之後，他還是過世了，花了龐大的醫療費用卻救不回一條性命，只能說是命中注定，還好這位客戶是果菜公司大盤商，有很多熟客來買菜的時候都會說自己家人在某某人壽公司做保險，希望他可以捧場保單，東捧場西捧場之下，大大小小的保單買了不少，後來，總共理賠了六百多萬，想想，要是沒有買足保險的一般家庭遇到同樣的狀況，面對這鉅額的醫藥費用該怎麼辦？

保單不是一般的商品，平時感受不到重要性，但是遇到事故，一份好的保單可以幫助到一個人甚至一整個家庭，如果保單沒有處理好，影響的程度將遠超過想像。如果因為自己對保單或客戶沒有坦承以對，而影響到一個人一輩子的命運，我們怎能心安？誠實是上策，放諸四海皆準。不管對客戶，對保單內容甚至是對自己都要誠實不欺。

春風話語

★誠實是上策，保險業務員的本分就是誠實以告。

★保護客戶也保護自己，誠實是做保險最好的方法。

★專業是可以攤在陽光下檢視的。

★保險能不用到最好，如果用不到保險那是老天的眷顧，需要用到的時候，至少有保險就能分攤掉風險。

壽險推銷：是在幫助保戶

把錢花在對他有利的地方，

生意：只會在需要及受到

良好服務的地方成交！

10

自怨自艾不能改變過去，積極面對才能創造未來

我常笑著說，做保險做久了就會算命。這並非天賦異稟，而是天道酬勤。

就像算命先生手裡一定會有一本「參考書」，我也有我自己一本專屬的「教戰手冊」，這不是圯上老人送的兵法，也不是高手傳承幾甲子的功力，完全要歸功於我平常拜訪客戶就有寫工作紀錄與檢討的習慣，

所以久而久之，也就有了一套自己專屬的「危機處理方案」。經驗歸納出各種應對模組：客戶如果做出「這樣」的舉動，就可以用「那樣」的方法來解決，這有點像是「預判」球的落點，可以先跑到位置上等接球，不管來者何人，都可以見招拆招，老神在在。有時候客戶不說話，或者客戶會有什麼反對問題，都已了然於心，一點也不出乎我的意料之外。

有很多同事上午乘興而出去拜訪客戶，下午敗興而歸，就在辦公室大倒苦水，日復一日抱怨，越講就越覺得自己委屈可憐，嘴裡念叨的總是被客戶刁難、倒霉到家，或者是這個月被窮神附身，業績又掛零。越抱怨身上就越多負能量，越低氣壓就越不可能成交。抱怨是最不划算的一件事，花時間又傷身體。

我不抱怨，我只解決問題。身為公認的脾氣好小姐，笑容滿面是我的招牌，客戶常說我就像棉花一樣，很多情緒到我這邊就被吸收掉了，再怎麼有脾氣的人，看到我氣就消了一半，但是我畢竟也只是普通人，遇到無法溝通的客戶也難免會煩，察覺到這樣的情緒出現，我做的是「找方法」，光是「煩」對事情有幫助嗎？顯然是沒有的。因為情緒不能解決問題，方法才可以。

在社會上工作，各行各業都辛苦，尤其保險業的客戶形形色色千百種，不論多高難度的CASE都要接招，做業務沒遇到幾個挑戰性高的客戶，那才是讓人嘖嘖稱奇的事，被拒絕或者是踢到鐵板也很正常，應對客戶是一種磨練，觀念溝通是一種成長。客戶的拒絕本來就是正常反應，現在也許沒有成交，不代表永遠都不會成交。

自怨自艾並不能改變過去，積極面對才能創造未來。跟客戶談保單如果不成交不需要懊惱，只要像錄影帶倒帶一樣，把整個過程想過一遍，看看癥結點在哪，建議書是否有說不清楚的地方，這才是下次成交的關鍵。與其把時間拿來抱怨客戶，我寧可將時間拿來檢視再與客戶碰面的時候，究竟發生什麼樣的事情，導致客戶不開心？是我的原因還是客戶本身的原因？我有什麼應注意而未注意到的地方？下一次我去拜訪的時候要做什麼樣的調整？一件一件寫下來，心裡有了定見，便不會在過去所發生的事情裡面鑽牛角尖了。

當然，有時候「情緒」不一定是來自於客戶，業務員本身也可能因為體力或者其他事情導致情緒難免會有低落的時候，遇到這樣的情況，我也能保持一定的水平，加上心態一直保持很好，不會把A的情緒帶到B，也不會把B的情緒牽連到C，只專注在該做的事情上，完善每個環節。也就是先顧好自己的立足之地，把拜訪、交資料打電話等事情做好，想想一個人想要站穩，如果沒有腳下的地支撐著，怎麼可能站得住，所以，把情緒放開，積極做好該做的基本事項，自然能成交。

拿拜訪客戶來說，客戶的心情不是我們能控制的，但是我們可以控制自己的情緒。每天找一個理由讓自己開心，然後笑著去拜訪客戶，帶給客戶歡喜，或者是把當天客戶讚美自己的事情記下來，肯定自己，就算當日沒有成交，一整天心情都會很美麗。舉例來說，每到節慶我會向水果販的客戶買水果，會特別交代「這是要送客戶的，好的才可以賣給我喔！」因為水果的品質好，客戶收到會開心，當客戶收到水果讚美我「妳真會送水果，這水果真的很好吃。」我也很快樂。良好的互動會帶來好的結果。

再拿打電話這件事來看，很多人不喜歡打電話拜訪客戶，怕打去的時間不對會碰一鼻子灰，我在打電話之前會先沙盤推演說法，我不會直接告訴客戶要分享新商品給他，反而會跟客戶說：「我現在剛好想要跟一個朋友分享新的保單商品，他跟你背景很像，想請你先幫我聽聽看，你覺得好或不好都可以給我指點與建議，看看我講這樣的話，如果是你可以接受嗎？或者是有哪邊需要加強，你一定要跟我講喔！」每個人都喜歡當老師，換個說法就不容易被拒絕，只要能夠讓對方願意聽下去，對我們來說就是機會。

如果要講重要的事情，我寧可花時間去找客戶本人，也不要在電話裡說，因為說不清楚反而會造成誤會，當面說跟電話說語氣、態度也會很不一樣，有時跟較嚴格的客戶講電話，就算客戶不在眼前，我都會必恭必敬，這些小細節，都是我們可以掌握的。命運掌握在自己手中，我們不能改變別人，只能改變自己。業務工作就像打籃球一樣，基本動作沒做好，怎麼打都沒有辦法提升，想要成為優秀的業務員，只要基礎紮實，總有一天會變成ＭＶＰ，過程中遇到的，都是幫助自己更好的養分。

「哭窮」就只能招喚貧窮，怨念只會招喚怨念。招好運的第一步，就是放下情緒，積極行動。所有的事情發生，都有它的道理存在，人真的沒有那麼可憐，可憐的是一直沈溺在情緒與過去跳不開。不要苛責自己不能夠像頂尖的人一樣優秀，或是不能像同事一樣業績長紅，我們不可能方方面面都無懈可擊，如果每個人都可以輕易做到，那「優秀」就不特別了。

春風話語

★「哭窮」就只能招喚貧窮，怨念只會招喚怨念。招好運的第一步，就是放下情緒，積極行動。

★如果每個人都可以輕易做到，那優秀就不特別了。

★業務工作就像打籃球一樣，只要把基本動作紮實，總有一天會變成MVP。

★客戶百百款，見招拆招靠紀錄，養成覆盤的習慣，沒有不能解決的問題。

★所有事情的發生都有它的道理存在，人真的沒有那麼可憐，可憐的是一直沉溺在情緒與過去跳不開。

★站穩立足地，靠行動讓自己爭氣。

困難：是個機會，要把握；

很困難：是個良機，不容錯失；

非常困難：

是個大好時機，要積極開拓！

消極的人：

在機會中發掘問題，

積極的人：

在困難中找尋機會！

11

說清楚，聽明白，唯有「心安」穩賺不賠

「林小姐，我跟妳說，那天有個業務員跟我說有一張投資型保單可以保證配息 3%，超好的！」客戶跟我分享了自己前幾天業務員跟他推銷的投資型保單，聲音上揚，眼睛閃著光，看得出來他相當興奮。

「嗯，聽起來真的很好，但也可能不大好。」我笑著跟他說。

「怎麼會？」客戶一臉懞，原本滿心歡喜地與我分享，以為這樣的

保證配息是很好的投資保單，沒想到我卻提出了不同的看法。

「它的確會保證配息，但是如果獲利不佳，就有可能會『咬』到你的本（金）」

很多人說，保險都是騙人的，我一開始也這麼認為，在還沒有真正接觸到保險之前，我甚至覺得「人呆」才會去相信保險。但是在我開始從事保險一直到現在，卻讓我通透了一點：保險從來沒有騙過人，很多不如預期的結果，往往只是資訊不透明之後的誤解。

就像沒有人可以保證投資型保單的獲利一樣，有很多業務員會告訴客戶某個投資型保單能夠保證在基金獲利時可以配息3%，但是卻沒有講到如果獲利表現不如預期，可能會侵蝕到客戶的本金。我常說，這世上最完美的商品，不是尚未投胎就是還在投胎的路上。商品設計出來一定有他的優點，但可能會「有一好沒兩好」，或者保單有很多優點，但存在一個缺點怎麼閃也閃不掉。保險沒有騙人，條款都寫得清清楚楚，唯一的差別在於，業務員在對客戶進行講解的時候，是不是將保單的所有的優缺點都講清楚。

從踏足保險到現在，我發現在各行各業當中，保險是最「真實」的契約。因為在契約範圍中，凡事都必須要照著條款走，白紙黑字寫得清清白白一切透明化，之所以有很多人覺得保險是騙人的，那是因為有很多客戶對保險並不熟悉，在面對龐雜的保險條款的時候，往往一頭霧水，總希望自己的業務員能夠挑重點來說明，也就導致很多業務員在為客戶解說保單條款的時候，只挑「重點」來說，其他部分就簡略跳過，或者是專門「隱惡揚善」，只講保單的優點，卻不講連帶可能會產生的隱藏的風險，以至於很多客戶只聽到好的部分就滿心歡喜地簽下保單，之後卻發現自已所期待與想像跟現實間的差距令人難以接受，這時埋怨當然隨之而起，於是就高喊著「保險是騙人的！」

拿我三十幾年的專業來掛保證，我還是要再重申一次，保．險．從．來．都．不．騙．人。坦白說，每款保單都有優缺點，有的強調保障，有得強調投資獲利，有的則強調保本，至於哪一種比較好，了解客戶的需求在哪裡，我相信在未來可能會有一種保單可以包含全部的優點，照顧到客戶的全面需求，但至少目前還沒有看到，我們也只能在權衡之下，盡力做到符合客戶的需求。至於業務員是保險公司與客戶之間的溝通橋樑兼「翻譯」，在了解客戶需求方面是否到位以及業務員是否通盤告知保單的優缺點就很重要。

就像我們常聽到的故事：媒婆在說親的時候只告訴女方，男生很帥，卻不說他身體不好，只告訴男方女生很漂亮，卻不說她性格暴烈，而這對男女在交往的時候，各自藏著自己的缺點，呈現出最好的一面，等到真的結婚了才認為對方變了，或感覺自己被騙了，其實，雙方都沒有變，只是在婚前沒有看到對方的另外一面。與其害怕分手而隱藏真實個性，還不如坦承，如果對方可以接受，那麼也不保證就能天長地久，如果不能接受，至少還是朋友，最怕對方只看到好，反而難以接受不好的一面，而變成怨偶或者離婚收場。保險也是一樣的，對於業務員來說，講保單不用講到天花亂墜嘴角全是沫，只要如實解說清楚，一條一款讓客戶沒有疑慮「說清楚，講明白，業績自然來」，這樣的業績來得一點也不勉強，是一種力求圓滿之後的水到渠成。

讓這世間的人事物都圓滿一直是我的信念。事求圓滿的過程當中，我在意的是我有沒有把商品的優缺點都逐一說明清楚，而不是急著求成，只講保單好，卻不提及可能潛在的風險跟隱憂，獲利是每個人都想要的，但是，我們也得把對方不想要的講清楚，那麼，在利弊之間要怎麼抉擇，要不要因為獲利的機會去承擔可能的風險就是客戶要去評估的了。所以，不管是什麼樣的保單，我通常會正反兩面都做說明，把好壞及優缺點都講清楚，等客戶都聽明白了之後，我還會給他們幾天的時間考慮，讓他們回去通盤想清楚了再簽也不遲，因為我寧願讓客戶回去考慮三天、五天再來簽這份保單，也不願意客戶簽了之後三天、五天就跑來解約。

保險是一項「完善人生」的事業，我追求的是圓滿客戶的人生。在保單的成交過程中，不管是對自己跟對客戶，應該是要在彼此都舒服的狀態下建立關係。對我而言，我善盡了我的本分與專業，講清楚所有的保單條約並協助客戶分析現況與需求，找到最適合客戶的商品，我感到心安坦然，舒服自在，而客戶經過我的解說之後，再進行多方比較，仔細考慮自己將要買的商品是否真正符合自己的需求再購買，買了自然開心，心底舒服。我不只想要讓客戶買到需要的保單，更想要他們「開心」買下自己「真正」想要的保單。

成交保單的過程中，我想要收穫的是開心與快樂，而不是被迫成交的無奈與抱怨。如果客戶買了之後後悔，跑來要解約，那種感覺比直接被客戶拒絕更難受。我寧願客戶聽清楚後拒絕我，也不要買完之後再來抱怨我。對業務員來說，成交量跟業績是無法切割的，但是，如果每一個成交都是開心的笑臉，那我獲得的不只是金錢數字上的肯定，我更得到對自己良善的認可與快樂的累積。服務是一輩子的事，每次的成交都是客戶的歡喜心，日後才能樂相見。

我們都知道，投資理財有風險，沒有任何人能夠保證投資一定會獲利不賠，當然我也不能。坦白說，我無法保證投資型保單一定獲利，只能保證我說的保單內容是正確的。我每次見到客戶的時候都是開心的；因為都聽明白了，所以客戶每次看到我都是喜樂的，這種來自於客戶的心甘情願與開心的認同是來自於真心相待的「紅利」，穩賺不賠。做保險很簡單，就是你好，我也好，人生圓圓滿滿。

春風話語

★對於保險這一行來說，業務員與客戶之間有一種很特別的關係存在。一旦保單成立往後要見的面還多得是，不可能一次就結束，所以，保單不是賣這一下子，因為服務要做一輩子，因此，我不只想要讓客戶買到想要的保單，我更想要他們「開心」買下自己「真正」想要的保單。

★對於業務員來說，講保單不用講到天花亂墜嘴角全是沫，只要如實解說清楚，一條一款讓客戶沒有疑慮：「說清楚，講明白，業績自然來」，而且這樣的業績來得一點也不勉強，是一種力求圓滿之後的水到渠成。

★我們都知道，投資理財有風險，但是這種來自於客戶的心甘情願與開心的認同是來自於真心相待的「紅利」，穩賺不賠。

★每次的成交都是心甘情願，日後才能歡喜相見。

★做保險很簡單，就是你好，我也好，人生圓圓滿滿。

12

從進入眼裡到走進心底，堅持才有溫度

「林老師，妳捧著麼多東西要去哪裡？」公司的年輕人看見我中午的時候捧著一疊東西出門，好奇地問。

「我要去郵局寄感謝卡跟一些資訊給客戶啊！」

「不會吧！現在 Line 這麼方便，還有人郵寄卡片跟資訊給客戶？」

「妳怎麼這麼傻，寄這麼多沒有用啦！客戶搞不好收到就拿去墊便當了，多浪費！」

「墊便當也很好啊！」我笑著出門寄送我每個月堅持的感恩與關心。因為無論科技發展如何快速變化，我始終認為業務員與客戶之間是因為長期相互關懷所以才有溫度。

寄送生日卡片、拜訪後的感謝卡與分享醫療資訊是我長久以來堅持的習慣，早在民國七十幾年晉陞襄理的時候，適逢啟新健檢中心發行刊物，我一見之下如獲至寶，在早期醫療資訊尚未發達，啟新健檢中心所發行的單張月刊刊物載有最新的健康資訊，對客戶的幫助很大，於是我大量訂購，每個月持續寄送，當時幾乎每個月都寄送七百多份以上，客戶的反應都很好，寄送刊物的原因僅是為了讓客戶知道南山人壽的林小姐持續在關心他們，需要服務的時候都能隨時聯繫到我，而且客戶不需要出門就能知道健康事，收到的時候自然很開心，客戶開心就是我最大的快樂，就這樣持續寄了幾年多，直到刊物不再發行。

有沒有客戶把刊物拿去墊便當？當然有，而且為數不少，我很開心客戶能夠物盡其用，在吃飯的同時閱讀與吸收健康資訊與保健常識也是很棒的，這些對客戶是最有用的訊息，不知不覺地就進入客戶的意識中，產生潛移默化，而且客戶每個月看到的不只是刊物上的觀念，我的名字與聯絡資訊也同時進入眼簾，有好幾位客戶都是在吃便當的時候看到刊物的內容與我的個人資訊與取得聯繫並且成交保單。

啟新停刊之後，我並沒有中斷與客戶的聯繫與分享，仍舊每個月寄送親手寫的卡片或分享精心製作的生活心得卡片給客戶，一直到現在三十六年間都沒有中斷過，現在聽起來這行為真的很傻氣，但或許做保險真的需要帶一點傻勁才能樂在其中。

寄一封信給客戶很簡單，寄一兩個月的刊物給客戶也不難，短期的寄送就像曇花一樣，在客戶心中無法留下深刻的印象，當客戶每個月都能在差不多的時間點收到，自然會產生期待，並且牢牢記得有一位南山的林小姐時刻為他們服務，除了每個月固定寄送的啟新雜誌刊物，每年固定送給客戶的月曆與手冊，多數我都親自送到客戶的手中，連客戶的孩子見到我都能知道保險阿姨來了！

除了贈送年曆與日誌，我也會特別製作精美桌曆贈送客戶，故宮博物院有免費的文物素材供民眾使用，出版社的故宮桌曆相當受到客戶歡迎，許多客戶會特別告訴我，每年都特別期待收到桌曆，每當他們心情不佳的時候，抬頭看見桌曆上的墨寶與文物都能讓煩惱煙消雲散，我會在桌曆上面印上自己的名條與聯繫電話，許多客戶肯定不會特別去記得業務員的電話，但是放在桌上的桌曆卻可以讓客戶 365 天隨時需要我的時候，一眼便能找到我。

很多業務員與客戶成交保單之後便甚少聯繫，我認為客戶與業務員彼此之間的關係要維持一定的溫度，靠的就是一句親切的問候及這些媒體一點一滴的堅持所累積下來的真誠與信任。金城的大家長——陳榮昌，曾經說過一句話：「如果每天都做一點跟保險有關的事情，想要不成功都很難。」平時也落實自己的堅持，每天第一個到公司開門、開冷氣讓大家進公司就感到很舒適，整理單位邀請來講師的筆記與心得分享給同仁與客戶，長年不輟。講師的言行深深影響了我，每天都會問自己有沒有做跟保險有關的事情，只要做到我就格外開心。

春風話語

★堅持所以有溫度，建立讓客戶在需要的時候隨時都能靠我們的信任度。

★因為堅持所以好緣一直都在，歷久彌新的好關係靠的是不間斷的維繫。

★找到一個適合自己與客戶的維繫方式，用最舒服的方式融入客戶的生活。

★成功就是每天做一點跟保險有關的事。

★用心才能暖心，有溫度的關懷才能緣起不滅。

★堅持做對的事，結果就是對的！

★人生要有所堅持：「對」的事一直做就對了！

13

只要目標夠SMART，誰都能歡喜圓夢

用腦築夢，用心實踐，圓夢不需要當拼命三郎。

你有夢想嗎？

我一直很感恩從小便知道自己想要的是什麼；我要的是可以寒、暑假陪伴家人的教師工作；我要的是結婚之後育有三個孩子；我要的是這

一輩子一定要買五間房子。很多人聽到我的夢想，第一個反應都是妳這是癡人說夢吧！在這個房價比天高的年代，想要買一間房都難了，何況妳要買五間？！

為什麼我的夢想是五間房，而不是一間或三間？那是因為我替全家都規劃好了，我想要留一間房子給自己跟先生住，另外三個孩子，讓每一人都能夠擁有一間自己的房子，另外還要有一間房子能夠租給人家收取租金創造被動收入，這聽起來很理想對吧！對！能做到嗎？能！當然能！

這些放在現在這個時代聽起來似乎是個天方夜譚的夢想，是我在讀高中時設立的，我為什麼敢做這樣的夢？是因為我是好野人嗎？當然不是，我並沒有富爸爸，也沒有總裁老公，但是我做到了！沒有特殊的累積財富管道，怎麼敢做這種夢？那不只是因為我相信自己，更是因為我逐夢踏實，靠的不過是滴水穿石的功夫，一點一滴累積財富，不僅圓了我從小的夢想，而且是「歡喜」圓夢。

如果說我告訴大家有一個輕鬆躺平，什麼都不做夢想就能成真的方法，那麼我一定是詐騙集團派來對大家洗腦的，但是，我的確可以用親身實證來跟大家分享自己如何快樂開心地達成自己的夢想，怎樣一步一步完成想要的目標。夢想的實踐從來不需要用生活的艱苦去換，擁有恆毅力很棒，但不要用在這裡，人生難免有苦在其中，何必自己為難自己。普天之下再大的事情只要我們妥善的規劃，然後按部就班的去實踐，那就一定可以達到想要的目標。

不要盲目往前衝，跑對方向、用對力氣才是重點。起跑之前，首先要檢視目標設定是不是夠 S.M.A.R.T。所謂的 S.M.A.R.T 最早是由管理學大師彼得・杜拉克（Peter Drucker）於 1954 年所提出的管理原則，指的是 Specific（明確的）、Measurable（可衡量的）、Achievable（可達成的）、Relevant（相關的）和 Time-bound（有時限的），這幾個字的頭字縮寫，剛好就是S.M.A.R.T（聰明）。聰明制定目標的方式，就是提出明確可衡量的並且可以達成的目標，還必須要具備相關性及時限。

很多人一輩子的夢想是買一棟房子，但是如果只告訴自己，有一天要買一間房子，那麼可能在十年甚至二十年之後，還在想著「哪一天一定要買一間房子」。如果告訴自己在五年內一定要買下一間交通方便，而且生活機能好，可以讓自己跟未來的另一半一起住的房子，要有兩房一廳，還要有院子可以種花養狗。接下來就可以思考：如果是兩房一廳的房子（明確）大概要多少頭期款（明確且可衡量）？如何在五年內（有時效性）存到頭期款（可達成）？生活機能好必須要涵蓋哪一些生活機能（相關性）？可能還包括有：交通方便指的是捷運、公車還是開車？還有，要買在什麼地區？這個規劃會不會影響其他的目標或者是造成衝突，如果頭期款太高，要調整需求、完成時間還是完成的力度？在努力存錢的期間，就可以按照自己想要的條件去篩選房子，找到自己理想的住所。

當夢想擺在眼前變成真實，努力就更有動力。

在確定好目標之後，只要按照自己思考的去做規劃，就能夠同步完成準備的工作，比如說設定一年必須要存二十萬元，才能在五年存到一百萬元的頭期款，以現在的業績，每個月必須要再完成十件業績才可以達到，那麼一個星期就要多成交兩到三件保單，如果想要達到這個要求，代表一天要多拜訪兩位客戶。那要怎麼去調整目前的狀況去做到就會相當的明確。只要規劃是合理的，一定穩穩地完成自己所設定的大小目標，不勉強也沒有過度的壓力。當我們一步一步去拆解達到目標的步驟與合理分配自己的時間，便完成能夠明確無痛達標的規劃。而且，當自己制定好一天多拜訪兩位客戶，一個禮拜要多做兩件case，一旦達到的時候，心裡會湧起更多的自信與安定感，因為自己離目標又更近一步。

有人說，攀上喜馬拉雅山最簡單的方法，不是搭乘直昇機，而是一步一步走上去。我從不害怕做夢，因為對我來說，圓夢的過程並不難，反而異常簡單。我所做的不過是堅定自己的信念、堅持去做自己規劃好的事情與堅信自己有做到的能力。我的夢想一直都很簡單：當一名老師，以後結婚要生三個小孩，這一輩子一定要買五間房！精確的一（工作）三（孩子）五（房子）從來都沒有改變過，我做到了！我相信走在夢想路上的你也一定做得到！

春風話語

★不要害怕夢想太大，夢有多大，完成度就有多高，如果把目標設在射月亮，就算不小心射偏了，也能射下一兩顆閃閃發亮的星星。

★不要擔心圓夢很難，誰說圓夢一定要過得苦哈哈，只要持之以恆地做，滴水可以穿石，小丘可以變成大山，重點在於「堅持」。

★有些事情比我們想的還要簡單，我們往往複雜了成功的可能性，其實，人生多數的事情，只要規劃好，按部就班，都有達成的可能，做不到的原因多數不是因為事情太難，是因為用錯方法與缺乏妥善規劃。

★攀上喜馬拉雅山最簡單的方法，是一步一步走上去。

★用腦築夢，用心實踐，圓夢不需要當拼命三郎。

存在

是在追求一種價值，

人壽保險，

是少數賦有生命價值

的確定產品之一！

保險：讓我們享有更寬廣的人生！

14

訂目標很重要，沒有執行步驟做不到

從進入保險業服務到現在，眼見很多年輕人帶著熱情走進保險業，但是很快地熱情就被現實澆了冷水，到最後一點火花也沒有，甚至熱度全熄滅，從保險業界黯然消失不見，這種乘著熱情而來，滿載挫折離開的例子不勝枚舉，像我一樣以保險為終身職志的人也相當多。在業務這一行想要保持熱情的首要並不是每天對著鏡子前面的自己喊衝！衝！衝！而是要有明確目標意識並且用具體的行動落實。

設目標很重要，尤其是人生目標，青年學子在進入職場之前，都待在學校裡接受養成教育，但是學校的教育裡什麼都教，卻沒有教大家要怎麼完善的訂定自己的人生目標，再加上學校的老師多數是循著一般升學管道進入教學領域，並沒有太多的社會經驗，所以在教授如何訂定課業學習目標方面可能是一把好手，但對於如何制定人生目標，卻不一定能夠駕輕就熟。

為什麼訂目標很重要，那是因為想要對工作有熱情，就要找到引燃熱情的點，讓自己每天能夠精神昂揚的努力工作，這一路上點燃熱情星火的就是目標。引燃熱情的點不一定是浪漫的，有可能是對未來夢想的盼望，更有可能是現實人生的逼迫、想要成家立業、想要讓父母能安享晚年、有小孩要撫養、有債務要清償、有無數的可能，但是不管什麼樣的原因讓我們起得比雞早，我們始終要清楚什麼樣的初衷讓自己選擇進入這一行，又要怎麼做才能夠得到自己想要的結果或者避免掉自己不想要的一切。

從小就很清楚我要做什麼，很明確自己在未來要賺很多錢。在以前耕農作靠天吃飯的年代，想要賺到錢並不是光靠自己努力就可以的，時勢所迫，多數的時候，賺錢更要靠老天爺成全的。從小就看著自己的親戚為了家計三天兩頭夫妻吵架，在一個家庭裡的全職主婦往往是伸手牌，日子有沒有辦法過好，就要看家裡的經濟支柱穩不穩固，所以壓力很大，而一個家庭裡的主力掙錢的人，一睜開眼睛就有全家上下好幾口等著張嘴要吃飯，壓力更大，所以經濟往往就成了彼此的爭執點。人的一生當中，錢不是最重要的，但是沒有錢，萬萬不能。經濟力是讓生活安穩的根本。

現在有很多年輕人想從事保險這一行，也有很多有工作經驗的人對保險躍躍欲試，但不管如何，如果保險是自己的職志或者人生目標，那麼要先清楚投入保險業服務客戶所需要符合的要件是什麼，然後再安排自己的時間，一樣一樣去完成，比如說，勞力付出可以算出回報，但是保險或是業務可能有更多不確定性，那麼在決定投入之前要先問自己，如果半年沒有收入可不可以？如果不可以，那麼要怎麼能夠一邊兼職，一邊進行保險業務？又比如說，可以專職投入多賺點錢，是否能安排時間讀書與複習，在時間內考取證照？確認好一切，就一步一步去完成，自然可以進入自己的夢幻職場工作。

想要與得到之間缺少的不過是合理可執行的步驟與踏實執行的堅持。清楚自己為何努力，就能夠有源源不絕的動力，達標不過是順便而已。賺錢是我的燃點，區經理是我的目標設定，在三年完成，也算是高速達標，我沒有超能力，我擁有的不過是有效的執行力，我很清楚自己要怎麼做才能達到目標，達標的執行步驟能不能徹底做到才是關鍵。這世界並不存在著不需要努力就能得到的成果，不斷進修專業知識並且善用時間拜訪客戶確保我在時間內一步一步走到目的地。

人生不要賭！雖然我人生最大的一次豪賭：婚姻，我賭贏了，這是我的幸運，我覺得嫁給有責任感的人絕不會錯，事實也證明了我的眼光與看法是對的，不僅嫁給了一個非常好的先生，也擁有一個很棒的婆婆。如果人生能夠不賭，那麼千萬不要賭，做所有的事情都要考慮清楚，如果第一關就不合格，那怎麼可能會有想像中的後續可言？要知道不管目標有多宏大，無法實行的目標都是空想。起點與終點間，存在著必須要達成的要件與努力的交集，過程中不靠心存僥倖，也不需要為難自己，要的不過是踏實的做到每一步而已。

春風話語

★目標不管多宏大，無法實行的目標都是空想。

★實踐的過程以比輕鬆更多一點的程度來要求自己才能走得久遠。

★起點與終點間，存在著必須要達成的要件與努力的交集，過程中不靠心存僥倖，也不需要為難自己，要的不過是踏實的做到每一步而已。

★清楚自己為何努力，就能夠有源源不絕的動力，達標不過是順便而已。

★想要與得到之間，差的不過是合理可執行的步驟與踏實執行的毅力。

15

只要準備夠周延，沒有聽不懂的客戶

「這份保單是X年期，總共要交XX元，期滿每年還本XX元。」

我把擬好保單建議書交給小弟，就像跟六哥簽保單的時候一樣，簡要地說明了一下內容。

「妳這樣說明完就好了啊？這樣會有人跟妳買保險嗎？」

「那你還想要瞭解什麼？我說給你聽。」我看著面前的弟弟，心想果然是大老闆啊，三兩句很難過關。

「那好好說說吧！」弟弟笑著看我，眼神堅定。

於是我坐下來，拿起了建議書與條款，一條一款對弟弟仔細說明解釋，回答他所有的提問，弟弟直到我全部都講清楚說明白之後，才滿意地簽下了保單。

我的弟弟是位思維細膩先進且有遠見的老闆，早年在經營報關行的時候，業界並不重視穿著，多數都還是穿著拖鞋在辦公，當時他就已經西裝筆挺，當所有的報關程序還在依靠人工處理的時候，他就已經砸下五十萬請人寫軟體，在那個年代，五十萬是一筆很大的數目，我曾經問他為什麼要花這麼多錢買一套電腦軟體，他表示以後的人事成本只會增加不會減少，所以現在開始將大部分的業務都轉由電腦處理，減少人事成本上的花費。弟弟是一位經營者，對於未來有前瞻性的思維，也對任何的合約嚴謹以待，想銷售保單並不因為我是自家姊姊就能在他面前輕鬆過關。

弟弟不僅用電腦代替人力資源，民國七十二年就為員工買南山團保，對於保單的條約內容更是一條一條看得一清二楚，當初我決定進入南山人壽工作，他很肯定並認同我的選擇，不僅支持我的決定更勉勵我：「這是一份挑戰的工作，好好的做！」

我能夠在保險這一行堅持下去，有很大的一部分原因要歸功於我的弟弟，因為他讓我在上場面對客戶之前可以無限「練手」，並且調整我的遣詞用句跟說法，讓我不管面對什麼樣的客戶都能夠自信的侃侃而談，對於保單的內容都能有條不紊地說明，面對什麼樣的提問，我都能夠迎刃而解。弟弟相當有保險觀念，問的問題多偏向專業層面，多虧了有提前練手的機會，遇到客戶提問能駕輕就熟的回答。

最優秀的保險業務員不是擁有能夠講給專業的人聽懂的能力，而是能夠講給完全沒有背景知識的人聽懂保單的內容，就像最厲害的老師不是只教會舉一反三的學生，更要教會一知半解的孩子。我開始思考要怎麼練習說給保險觀念不具足的客戶聽懂保單的內容，當我發現我朋友的老公完全沒有保險意識，而且自己的老公也對保險不甚了解時，噹！靈光一閃，根本不用煩惱啊！我身邊不就正好有這麼好的練習對象嗎？真是太好了！簡直就是如獲至寶，每當有新的保單上市，就開始他們兩人練習不同的講法，並且試圖回答千奇百怪的問題，解答所有提出來的疑問，只要他們兩位對保單都沒有什麼問題，那麼我講給任何人聽都會懂，不管是什麼樣的客戶問題我都有辦法解決。道理很簡單，這就像是為了準備考試去刷題本，當我把最高等級的題庫都做完了，還有什麼樣的試考不過呢？

在保險這一行，對商品的充分了解是第一要件，沒有專業與清楚的說明是絕對不行的。要講清楚不容易，因為每個人的理解能力不一樣，生活背景也不同，很多人覺得自己口才不好，不擅長說明，所以並不適合從事保險，透過南山有計劃的教育訓練與周詳的準備過程，就可以輕而易舉地達到人人都懂的程度。準備的周延跟結果的圓滿是成正比的，圓滿的結果會產生信心，而信心能夠加強自己的專業穩定度，經過南山優培計畫完善的教育與學習，能訓練專業的人才，只要具備專業穩定度就能增加客戶的信任感。

弄清楚保單是保險業務員最基本的準備功夫，不能講錯是最基本的要求，而怎樣讓客戶能夠理解，就是考驗我們準備得充不充足最直接的一環。機會是留給有準備的人，準備的充足與否是決定機會大小的主要因素。當成交的要求是滿分一百，面對客戶之前，如果能夠讓自己準備到一百二十分的程度，就能避免掉意料之外的風險。當過學生的人都知道，考試之前刷題的重要，做模擬考可以降低正式考試的焦慮，避免因為緊張而出錯，每一次出門見客戶之前，做一下「模擬考」，也有助於成績的提升，刷個題，就可以增加自己的安定感與信心，何樂而不為呢？

拜訪客戶第一印象很重要，不是所有的客戶都會給我們第二次機會，準備周全就是讓每個第一次都能圓滿的關鍵。

春風話語

★沒有人天生就是演說家與行銷高手，所以沒有人推銷保單第一次就上手，怕被客戶打槍，不妨找熟人練練手。

★當成交的要求是滿分一百，面對客戶之前如果能夠讓自己準備到一百二十分的程度，就能避免掉意料之外的風險。

★第一印象很重要，不是所有的客戶都會給我們第二次機會，所以，準備周全就能讓每個第一次都能圓滿。

★經驗可以作為事後優化的依據，但是事前做好完全的準備，可以免去事後的彌補，是最圓滿的做法。

★準備的周延跟結果的圓滿是成正比的，圓滿的結果會產生信心，信心就能加強自己的專業穩定度，專業穩定度就能增加客戶的信任感。

我們每天的努力，

不只為眼前的麵包，

更是為了

明天的希望！

年輕人的困擾：

如何創造財富？！

老年人的困擾：

如何保有財富！？

人壽保險：

幫我們穩當儲存大筆財富！

16

送禮不需高、大、上，恰到好處就是最佳助攻

業務員登門拜訪客戶總免不了要「搞雷搜」（禮數周到），送禮的確是門學問，要怎麼送才能讓客戶滿意，常常讓業務員傷透腦筋。常言道，送禮要送到心坎裡。送得好不如送得巧，如果業務員能送出去的禮物可以讓客戶開心，更能夠成為增進情感的最佳助力。三十幾年來的客戶經營經驗讓我歸納出了送禮兩點訣：陌生開發三不送以及投其所好避險法。

講到進行陌生開發，業務員在初次上門拜訪客戶的時候總要帶點小東西，希望能夠在客戶心中留個好印象，準備什麼樣的禮給客戶，卻是很考驗業務員智慧的。對於拜訪家裡有孩子的婆婆媽媽們，建議是掌握「陌生開發三不送」：不送會掉屑的食物、很吵的玩具以及必須要一直分心照料的物品。為什麼呢？想想看，我們去拜訪客戶最主要的目的是什麼？是想要了解客戶需求與進行建議書說明。那麼我們需要的是能夠讓自己講清楚與讓客戶聽明白的環境，送禮如果能夠恰到好處就是最佳助攻。

有道是一回生、二回熟，再次到客戶家中拜訪該怎麼送禮呢？同樣的禮送多了容易失去新鮮感，也會讓客戶覺得不上心，那這時怎麼辦呢？送禮要送得好，細心觀察少不了。身為業務員，擁有敏銳的觀察力很重要，這樣的生活化觀察至少可以幫我們精準打點，就算不全中，至少不會偏太多。像平時拜訪客戶時，我會注意客戶的喜好，從陌生開發的第一次就開始觀察並記錄下來，客戶家中的擺設屬於中式復古風、北歐極簡風還是巴洛克風格都可以體現出客戶的偏好，從牆面的顏色到家中擺放的掛件，甚至是客戶端出來招待的點心、水果，都可以窺見一斑，客戶雖然不開口，只要我們用心觀察，就會知道客戶喜歡的東西是哪一種範疇。

投其所好可以避免送錯的風險。就算沒有辦法一下子就掌握得很好，至少不會送到客戶不喜歡的東西。送禮能送心頭好，對收禮者來說就是寶。禮物的價格不一定能打動客戶，但禮物的價值肯定能讓客戶感受自己被重視，也能展現業務員的誠意與用心。禮物不見得要多麼的高檔與貴重，用心觀察，送點他們需要的、體己的小物品，更能夠打動客戶的心。送禮的人最大的快樂就是看到收禮的人開心，收禮的人最大的開心就是收到投其所好的禮物。

送禮也要客製化，客戶需要的東西就是最好的禮物。

春風話語

★送禮能送心頭好，對收禮者來說就是寶。

★陌生開發三不送：會掉屑的食物、會發出聲音的玩具與需要一直分心照顧的物品不送。

★送禮要送得好，細心觀察少不了。

★客戶的家就是最好的禮品指南，投其所好可以避免送錯的風險。

★客戶需要的東西就是最好的禮。

17 記帳力量大，越清楚自己，就越有動力

我從不覺得自己只是個業務員，因為我一向把自己當作一間公司在經營。而經營自己的第一步，就從記帳開始。

記帳是件小事卻有大妙用，從開始記帳到現在，我不僅鉅細彌遺記下每一筆開支，且數十年來從未中斷過。一般我會將記帳的內容分成兩個部分，一個部分是生活費用，另一個部分則是「營業費用」，所謂的

營業費用，就是工作上的業務開支，也就是「公司帳」。

想想看，一間上市上櫃公司怎麼可能不記帳？不但要記帳還要帳務清楚，每個月要有收支報表。我記帳也是遵循同樣的原則，把開支分成生活與營業兩項，和朋友出去吃飯就列在生活開支，請客戶吃飯就算業務開支。除了記帳，我會仔細看每一筆帳務，就像老闆在研讀自己公司的財務報表一樣。

記帳要能發揮功用，數字精確是基本，最重要的是這些數字反應了什麼。很多人記帳無法持續，是因為記了半天，只知道自己每個月收入與開支各是多少金額，並沒有認真去思考每一筆開支的合理性與必需性。不要小看記帳這件事，記帳的力量是很大的。記帳的好處很多，在生活用度上的數字與項目可以讓我們清楚自己的習慣，幫助自己了解日常的花用是否合理，有沒有需要調整的地方，在營業項目上的數字如果清清楚楚，就能夠幫助自己的業務更有方向。簡單來說，記帳有下列三大好處：

第一，記帳可以清楚餘裕，對自己的作為更有底氣

台北市淡江大學校友會每年我能夠捐助一個獎學金的名額與愛膳，愛膳是給家中遭逢臨時變故而三餐無以為繼的學生提供飯票到學校附近的餐廳用餐，學校每個月再跟店家結算金額。一個獎學金的名額是一萬元，說多不多，說少也不少。我很喜歡持續給予，由於日常有記帳的習慣，所以對自己的收支與用度相當清楚，知道自己有多少餘裕可以支持這樣的善舉，可以很大方地捐出去，不需要扭捏。很多受贈的學生感受到被幫助的善意以及店家老闆加飯加菜的溫暖，接受贊助學生紛紛表示自己以後有能力也要同樣回饋給自己的學弟妹，這是很棒的循環。幫助他人不難，難在於是不是能夠「滿懷喜悅」不糾結，我能夠心無懸念的慷慨解囊，靠的就是對自己的財務有足夠的了解。因為記帳讓我知道自己有多少可以「伸縮」的數目，每當我遇到捐助與行善的邀請，通常都

能夠很阿莎力地點頭，記帳讓我清楚我自己有多少底氣。

第二，記帳可以了解自己努力程度，適時做出調整

我認為記帳不光是只要記一記流水帳就可以的，還要做分類帳報表，這跟老闆會看財務報表是一樣的，這樣才知道自己的成本，了解自己夠不夠努力。比如說，如果我檢視自己的帳目，發現這一個月的停車費用達到了一定的支出，就代表有認真出門跑客戶，如果停車費超出很少，甚至根本就沒有多，就代表大部分的時間都待在辦公室裡，要趕快調整，安排拜訪客戶的行程。記帳可以讓我知道還要為目標付出多少行動，做出多少的努力。

第三，記帳可以「有感」改變行為，讓數字告訴我們是否做對了

記帳是改變行為最簡單的方式。比如說，當發現這個月的交際成本突然增加許多，我會思考自己金錢的流向，增加的開支是用在請客戶吃飯還是用在送客戶的禮物上？金額是不是合理？若超過預算，要在哪些部分微調，讓自己的收支可以平衡？記帳不僅是看數字的起伏高低，更要認真檢討收支的「合理性」，並且隨時調整自己的作法。我們是否朝對的方向前進？數字會清楚的告訴我們是不是做對了。

我個人喜歡凡事清清楚楚，只要好好記帳，就能知道金錢的來龍去脈以及自己還要為目標作出多少努力。每一次我會要求公司的新進人員記帳，好好地坐下來分析自己每月的必須開支，加上保險以及其他固定費用該有多少，自己想要達成的目標，比如說想要買房子、車子或者是為結婚生子做準備，當一項一項列下來之後，就能夠明確知道自己要有多少的收入才能達到目標，或者必須要再成交多少 case 才能收支平衡。需求是釐清楚自己要為生活盡多少努力的最明顯指標，記帳就是明確自己的努力與目標之間距離的最好方式。

當新進的業務員寫下自己的固定支出與需求，接著便是協助他們設定達到需求的目標，比如說，這名新進同仁想要在五年之內買一間房子，但他每個月要付一萬元的房租，再加上水、電、瓦斯以及交通費要花兩萬，保險費以及孝親費等其它支出，總共要兩萬，那麼想要在五年之內買一間房子，每個月至少要存三萬，也就是說，一個月至少必須要賺七萬元，那這筆錢要從哪裡來？數字多寡就是無形的發電機，如果每天記帳，根本不需要任何人敦促自己。

現在的年輕人普遍希望能夠做自己的頭家，薪水可以自己做主，能夠為自己的人生創造可能性，這是非常棒的思維，某種程度上我相當贊同這樣的想法，但是如果抱著業務員是自己的老闆的心態在工作，我們就應該要為自己在各方面努力，不能只想當老闆，卻忘了盡業務員該有的一切，如果已經很努力，卻仍舊無法掌握自己還要努力幾分，那麼就從記帳開始吧！越清楚自己與目標之間的距離，就越有動力。

春風話語

★清楚了解自己的資金用度，會給自己帶來底氣。

★避免金錢焦慮的最好方法就是記帳。

★收支記下來只是數字，最重要的是數字背後想要告訴我們的事。

★人生的財務報表是紀錄、檢討與調整的絕佳利器。

★想要達標，不需要老闆督促，只需要記帳。

★記帳是有感改變行為的最簡單方式。

★需求是釐清楚自己要為生活盡多少努力的最明顯指標，記帳就是明確自己的努力與目標之間距離的最好方式。

當夥計的時候，

應以老闆自居，

當了老闆，

仍以夥計自居！

18

數字是對自己能力最大的肯定

年輕的時候，很流行到理容院打理門面，試問哪個飄撇的男子沒有去理容院吹過頭髮？我常跟人家說，大概就屬我先生是全台灣少數沒有上過理容院的男人之一了，從結婚開始一直到現在，先生的頭髮都由我打理，沒有機會與理由坐在理容院裡體驗被其他人「摸頭」的感受。這並不是因為他身患「妻管嚴」，而是因為相較於其他同齡的男性，他的開支相當簡單，除了家用之外，只有兩個主要項目：吃飯跟替摩托車加油。我和先生兩個人都是生活用度很節省的人，沒有太高的物慾，但卻不會因為物慾少而不努力賺錢，相反地，我們兩人非常努力工作，並且享受存款簿上不斷累積出的數字所帶來的成就感。

從小到大，我沒有什麼特殊的喜好，唯一的興趣就是賺錢，我很喜歡賺錢，這一點從我在學校教書就開始了，那時候白天上學校的課，晚上上補校的課，寒暑假的輔導課也從來不錯過，另外在允許的範圍內幫人記帳。賺錢一直是我的人生大事，那是夢想的基石。一直到我進入保險業，雖然很幸運地遇到一個「佛光普照」從不拿業績對我們施壓的主管，即便當時沒有業績壓力，也是相當自律自發，認真賺錢並開心享受圓滿了客戶需求之後的成就感。

這麼愛賺錢，一定是嗜錢如命吧？不，我的錢大部分都花在家人朋友以及客戶身上，也常常熱心公益捐款助人，這種「超級愛賺錢」的特殊嗜好不是源於自己婚後缺錢花用，也並非自己的物慾太高，更不是來自原生家庭的匱乏，雖然我不是大富大貴人家出身，倒也從小衣食無憂，身為家中唯一的女生，即使成年就業之後，上面的六位哥哥們以及小弟們都相當照顧，無需擔負家用，結婚之後雖接連買房，靠著夫妻二人勤儉持家，也是能夠維持，那為什麼要這麼認真工作？

不管身處的環境如何，人一定要努力工作，能夠賺錢代表自己有能力能幫助更多的人，對我來說，存摺上的金額反映出來的不只是收入的多寡，而是努力的成果，數字所代表的就是對自我能力的肯定。我不在乎自己是不是單位第一名，名次一直不是我的目的，我更不在乎自己現在處於什麼位置，因為頭銜也不是我的人生目標，入行三十六年來，我對名利地位不爭不求，就像是個保險界的「掃地僧」，日復一日勤懇專注著該做的事情：圓滿自己與客戶的人生。上天對我努力的回報就是存款簿上的數字，所以我可以坦然地談錢，開心地賺錢，因為錢對我的意義大不相同。

談錢沒有不好，不敢談錢，什麼都不會好。不管是業務還是任何一種工作都不是慈善事業，每個人都需要賺錢來過生活。愛賺錢的理由是對的，唯一要堅守的是：君子愛財，取之有道。我超級愛賺錢卻堅持不賺快錢，更不願意賺任何一點黑心錢。我・只・賺・開・心・錢！只賺取靠自己的勞務與專業幫助客戶圓滿人生所得到的回報，並且一點一點積攢財富完善自己的生活與達成設定的目標。很多人問我，我這樣安守本分的工作，成就感在哪裡？我的成就感就在數字裡，每當翻開存摺與記帳本，上面一筆筆的數字清楚告訴我在過去的一個月內夠不夠努力，夠不夠對得起客戶與自己。

每一筆進來的數目都是客戶對於我工作努力的肯定，而每一筆支出都是我對於愛的給予，日復一日不斷累加的數字則是對於自己能力成長與精進的證明。

業務從來不是個領穩定薪水的工作，收入常常大起大落，許多業務在未賺到巨額的佣金，便開始興起「裝備」自己的念頭，有的人負債添購名牌包，有的人則換開名車、戴名錶，身上使用的物品檔次開始等比翻升，全身上下看起來都很華貴，追求好的物質並非是件不好的事，從事業務工作在外表的整潔與質感上有一定程度的修飾與要求是對客戶的尊重，不必要追求到多麼高的檔次，達到一定的標準即可。

在保險這一行，最重要的從來都不是外表，而是專業知能以及服務態度。客戶不會在乎我們是不是開名車，只在乎在需要的時候，我們會不會在第一時間趕到。能讓客戶買單的是業務的專業與解決問題的能力而不是我們身上背的名牌包，而能夠讓客戶信任的從來都不是因為我們帶了一個多麼名貴的錶，而是我們可以分毫不差地滿足他們的需求。

「玉春，妳這手錶好漂亮啊！是什麼牌子的？」有一次，客戶看著我的錶問。

「南山牌的啊！」

「我還以為是什麼名牌錶誒，看起來很高貴！」
「我這麼愛南山，南山送的紀念錶就是最棒的名牌錶。」

我不追求一時的虛榮，我只想追求人生的圓滿。工作到現在從未買過任何奢侈品，開的車換了五部一直都是2000cc以內的TOYOTA，戴的錶是南山送的紀念錶。在我看來，與其裝備外在，還不如儲備內在，只有能力才能真正幫助到客戶，只有努力才能決定自己存款簿上的數字。而數字是對自己能力最大的肯定。有沒有做好，數字會說話，有沒有活好，數字會讓我們知道。

春風話語

★做得好不好，不是別人說了算，而是數字說了算。

★收入是努力的肯定，支出都是愛的給予，而不斷累加的數字是能力成長與專業精進的證明。

★談錢沒有不好，不敢談錢，什麼都不會好。

★外表只能取悅自己，只有能力與專業才能真正幫助到客戶。

★努力決定存款簿上的數字，而數字，就是對自己能力最大的肯定。

★外在是一時的，能力才是長久的。

關懷

辛辛苦苦

收集金錢財產的人，

不會留存人們心中，

但那些悄悄幫助人，

給人溫暖話語

和忠告鼓勵者，

卻長遠

為人們所懷念與稱道！

既已為人己愈有，既已給人己愈多！

19

業績不是追求來的，是「吸引」來的

俗話說：「強摘的瓜不甜。」這句話運用在業績上也一樣成立。

要讓客戶願意為自己背書，靠的並不是口若懸河的本事，而是對客戶真誠的用心。身為保險業務，業績固然重要，在我心中有一個衡量的基準：如果這件保單無法帶給客戶最好的幫助，便不會建議客戶。

替客戶規劃保險是對他們一輩子的承諾，我所做出的每一份建議與所說出的每一句話，都要能夠對得起自己的專業與客戶對我的信任。

每次約見客戶會花很多心思與時間準備，用心替對方精挑細選適合的保單。只要保單能符合對方的需求就是最好的保單，除了務求將保單講清楚讓客戶明白保單的需求點之外，我從來不會花腦筋去思考要怎麼樣「說服」客戶買建議的保單。我希望對方買到的是最需要的保單而不是因為人情壓力或者勉為其難地應付，只有這份保單是客戶真心想買的，才會開心，同時客戶也會開心地轉介紹我們之間才會能夠開花結果的好緣分。

講到開花結果，其實做保險有時候就好像在種瓜一樣，當我們種下一株幼苗，照顧得當，慢慢地瓜藤就會蔓生攀爬，一個夏天過去後，瓜瓞綿綿，整個棚架結滿了碩實肥大的瓜果，大大小小地垂掛著。做保險也如同種果一般，當我們種下種子辛勤灌溉、除蟲施肥，等到種子發芽長成樹苗之後，哪天春風吹過，大樹便開滿鮮花，隨後結滿碩果，迎來豐收。吃不完的果實落地之後，又會再長出幼苗，生生不息。幾年過去之後，原先的荒野變成一片結實纍纍的林地。我們服務客戶就像在照顧這些植物一樣，只要服務得好，客戶不但跑不了，還會一個「生」一個。

三十六年前剛開始做保險的時候，曾經幫自家的小弟規劃了一份保單，弟妹（我人生貴人之一）在旁邊聽完我的說明之後，立刻想到這張保單很適合自己的朋友，於是便介紹了自己公司的張小姐給我，她認為對方很需要這樣的保障，也需要一個能信任的人為她服務，而我當然就是那個最好的人選。根據統計，平均一個人能夠影響十五個自己身邊的人，甚至更多。不要小看任何一張保單，因為誰也不知道背後會帶來什麼。這位小姐的先生是從事鋁窗行業的，在一次海釣中被瘋狗浪捲走，我規劃的保險幫助他度過了人生最艱難的時刻，後來她陸陸續續介紹了自己的家人、妹妹公司財務部的同事以及客戶、朋友給我，這些客戶及同事的家人跟親友們都變成了我的客戶，前前後後有三十幾個人，這些人到現在我們都還保持聯絡，這就是我所說的開花結果的好緣分。

我們與客戶的緣分能不能持續並不是從見面開始決定的，而是從一張保單的建立才開始有了延續。我一直相信善心能結好緣，當客戶買到適合自己的好保單就會開心與我們相見，而好的服務會帶來好的回報。我從對方還是小姐的時候就一直服務到我們兩個人都升格變成了阿嬤都沒有中斷過，她哥哥的兒子發生車禍，對方告他肇事逃逸也是我去談保險理賠和解，一份保單的開始成了一張綿密的善緣網絡，不只是她的兒子、媳婦、孫子都是我的客戶，一家三代都是我的客戶，再加上她的同事朋友，全部至少三十人。可以看到我的服務、專業與人格特質打造出了玉春風格的獨特「吸引力」，所創造的口碑不僅可以外擴，還能代代相傳。

不需要煩惱自己客戶太少，誰不是從一個客戶開始，才慢慢變成五個、十個、一百個、一千個？所以，我覺得「少就是多」這句話真的是太有道理了，只要我們好好經營少數族群，就能帶來多層的效益。如果只追求一時的成交，那麼跟客戶之間或者就只有那一次的緣分，以後就沒有再談的可能性。口碑是兩面刃好事道相報，壞事也會傳千里。我從來不做「割韭菜」的事，因為我知道，只有將客戶的需求擺在前面，才能有永續的未來。我喜歡用真心跟服務來種一片生生不息的信任，這樣收穫是源源不斷讓人願意拍胸脯轉介紹的好口碑，我不需要拜託客戶幫我介紹，客戶就會自動幫我轉介紹。

別問客戶可以帶來多少業績，先問自己可以幫助客戶多少。業績要好其實很簡單，只要用心顧好自己的一畝三分地，好好地耕耘，當我們把自己的本分做好，業績自然沒煩惱，服務到位，自然水到渠成。要怎麼收穫，先怎麼栽。很多業務在談保險的時候會先把自己的業績先擺在客戶的需求之前思考，雖然這是人性使然，但在業務工作上這樣是本末倒置的作法，搞定客戶才會有業績，但在那之前，要先搞定自己。我們不需要去羨慕別人有好瓜碩果，只要顧好自己的種子，好好灌溉培育讓它們發芽茁壯，也能有綿延不絕的好豐收。只要常保客戶日日春，業務年年都是好年冬。

春風話語

★少就是多，好好經營少數族群，就能帶來多層效益。

★不需要羨慕別人有好瓜，顧好自己的種子，好好灌溉培育，也能有好豐收。

★把自己的本分做好，業績自然不會少。

★別問客戶能為我們帶來多少業績，先問自己可以為客戶做多少服務。

★用真心跟服務種一片生生不息的信任，就能收穫源源不斷讓人願意拍胸脯轉介紹的好口碑。

★服務如果到位，自然業績水到渠成。

★只要常保客戶日日春，業務年年都是好年冬。

20

話不在多，懂心理就能成交

「歐巴桑，妳來啊，來！來！」哥哥看到常來買菜的歐巴桑遠遠走過來，很快地抓起了攤子前的幾把青菜放在攤子後頭，對歐巴桑招了招手，扯起嗓子熱情地喚她過來。

「我跟妳說，我特別幫妳留了三把菜，妳看，很漂亮的，妳要拿幾把？」哥哥把菜從身後拿出來遞給了歐巴桑。

「哎呀！佳泥啊後啊（這麼好啊）！真水誒（好漂亮）！攏厚哇（都給我）！」歐巴桑眼睛一亮，臉上綻放著笑意，很開心地將三把全部買走，還順帶多挑了一些青菜，又拿了幾個蘿蔔，大包小包的掛了一手，心滿意足地離開。

說實話，哥哥不是神仙，怎麼知道歐巴桑哪天會來，當然不可能剛好就在這天幫她留了菜，長年執業累積的業務能力讓哥哥看到歐巴桑出現，臨機應變，多說了那麼一句：「這是我『特別』幫妳留的」，對方就會覺得自己備受重視，有被放在心上，當然也就會特別開心。那麼，不管是留幾把給客人，對方幾乎都會買單，不然也都至少會買一半，不會什麼都不要，而且如果問她要不要再多買一點，通常得到的回答都是：「好！」

由於大哥在果菜公司做蔬菜大盤商，從小我在市場上玩，看著大哥做生意，耳濡目染之下，知道他怎樣輕輕鬆鬆讓客戶開心買單，又怎麼能夠把讓客戶覺得「倍受尊榮與禮遇」這件事情處理得毫無痕跡，也學到了不少待人處事的應對方法。哥哥有時候也會在客人購物離開之後，用與客人的應對來當例子與我分享做生意的訣竅與棉腳。

我在哥哥身上看到一個成功的生意人不需要多麼精明，但一定要能懂得顧客的心理。就像結帳的時候如果是一百零一塊錢，如果都拿全，客人下次就不一定會來光顧，但是如果只收一百元，還多送上一把蔥，那麼客人就會開心得不得了，下次就會常來，這就是懂不懂得心理的差異。

哥哥很常跟我分享做生意的點點滴滴，當時我還小，就當做聽故事一樣聽著聽著，只覺得做生意真的是太有趣了，每天都有新鮮事，也沒有其它特別的想法，沒想到這些獨門「林氏菜攤心理學」課程的內容已經不知不覺內化成了我的應對能力，在以後的職場工作與人際關係上對我的幫助很大，大哥教授的一切可以說是信手捻來，運用自如。以前在學校任教的時候，我算是一個很異類的老師，因為我不講大道理，也不需要對學生大小聲，同樣能讓學生「服服貼貼」，原因很簡單，我講的就是心理，只要攻心為上，孩子沒有一個不乖巧聽話。

在學校的時候，我並不是個能言善道的社交型人物，跟人談話很誠懇，轉行做保險之後，清楚知道自己根本做不到口若懸河，也沒有辦法張口閉口都是話術，一張嘴胡累累，我常常記得將從哥哥那裡學到的行銷小技巧運用在工作上，我們要誠實無欺，但盡可能讓客戶覺得舒服與開心。簡單來說，不需要滿嘴的話術與油膩的討好，懂客戶的心理就好。

客戶百百款，要精準掌握客戶的心理並不容易，這需要練習。從來沒有想過曾經那麼文靜的我也能夠進入保險業，也能在面對客戶的時候侃侃而談，我自認自己算不上多麼會說話的人，但是有自信可以跟客戶進行「舒服的對談」，在小細節上讓客戶感受到自己對他們的重視。很多業務都會在客戶面前力求表現，就算有違本性，也都儘量展現出最好的一面，但是，我認為業務與客戶之間的關係是一輩子的緣分，能裝得了一時，沒辦法裝一輩子，不需要偽裝自己的本性，就算講話直也沒關係，可以學著用彼此舒服的語言來對話。

有時候拼命想要把事情說清楚，卻還是沒有辦法得到客戶的認同，不妨練習「換句話說」—把話用讓人舒服的方式好好地說。記得一開始自己在講解保單的時候總是說：「如果你生病了，會賠…、要是受傷了，會賠…，要是萬一不幸罹患癌症，會賠…，」一份保單講下來，客戶都不知道「死傷」幾回了，經過弟弟的提醒之後，才發現雖然自己說的內容是正確的，同樣的情況之下換句話說會更好，客戶聽起來會更舒服。

每個人都希望自己被重視，也希望對方可以發自真心關懷自己，如何進行良好的溝通、進行舒服的對話，關鍵在於有沒有把話說到對方的心坎裡。把話說到客戶的心尖上，自然能在對方心裡留下好印象。一些業務員常因為想討好而用力過頭，反而讓人覺得聽起來很不真切，其實，話不用多，說到剛剛好就好，也不需要有太多的包裝，就像那句醬油的廣告一樣：「不會太鹹也不會太甜就是醍醐味」。樸實的回應反而更容易讓人感受到真心誠意。

春風話語

★溝通與說話技巧是業務重要的能力，但是上再多的說話課，學再多的話術，都不如真誠地關心客戶的心理需求來得有效。

★每一個人都希望自己是被在乎，是最特別的那一個，如果不知道怎麼開始拉近客戶與自己的距離，那麼就從「我特別為你⋯⋯」與「我專門為你⋯⋯」開始，讓客戶感受到自己的與眾不同。

★有時候，我們拼命把事情說清楚，卻還是沒有辦法得到客戶的認同，不妨練習換句話說，好好說話，把話說好。

★良好的溝通就是把話說到客戶心坎裡。

★要掌握客戶的心理，不需要滿嘴的話術與油膩的討好，只要懂客戶的心理就好。

★實話也可以好好說，讓人舒服的對談關鍵就在攻心為上。

所有的運氣，

都潛藏在

不斷的拜訪裏！

21

用更開放的心看世界，改變是創造新局的開始

過去不對的並不代表將來不對；現在不適合的，不代表未來就不適合。所以現在還未成交的保單，有什麼好煩惱的呢？

我是個想法很新穎的人，在學校教書的時候，學生都很愛我，因為我對學生沒有什麼「成見」，越是「特別」的學生我越愛，他們當下是這樣並不代表以後永遠是這樣，我相信教育的力量，也相信每個人都有

無窮的潛能。沒有什麼是不能改變的，就像流行的事物一樣，十年風水輪流轉，沒有什麼是絕對的對與錯。

我和先生都在學校工作，以前學校一定會有大會操，尤其在指標學校，大會操更是全民運動。每天學校會替學生安排時間跳舞，連校長一起共襄盛舉。那時候的校長特別愛跳韻律舞，常穿著西裝跟球鞋跳到忘我，令人印象深刻。在正經八百的年代，是相當另類的表現。現在只要看到有人穿著西裝跟布鞋就會想起這位校長，還常會跟自己的先生說，你看，你們以前的校長真的是走在時代尖端，人家現在才流行穿西裝搭球鞋，你們校長好幾十年前就開始這樣打扮，真的是潮流的鼻主。

西裝褲與球鞋的混搭，在過去那個年代，除了「俗到ㄅㄧㄥ／ㄅㄤ／叫」，但是如果將這樣的風格放在現在這個年代，則會得到「很潮」、「很酷」或「很有型」的正面評價。這讓人不得不感嘆真的是「此一時也，彼一時也」，同時也讓我深刻感受到這世間的瞬息萬變，沒有什麼是不能改變的，流行的趨勢是這樣，當然我們的狀態、行動以及思維也是。

又好像以前上台做簡報的時候總要穿套裝、高跟鞋，簡報頁的內容需要鉅細彌遺，洋洋灑灑寫滿數據，設計說多花俏就有多花俏，圖文要多吸睛便有多吸睛，但是自從賈伯斯出道之後，簡報就變成了件「簡單」的事，不需要著正裝，只要穿著件黑色套頭衫、牛仔褲就可以上台，簡報頁面也只剩下三張圖，每頁的重點也精簡到只有三點，不再說華麗辭藻，只做簡單的陳述，言簡意賅，大大顛覆了傳統簡報的約定成俗，甚至成為大家景仰與效法的對象。出乎大家預期的趨勢就這樣發生了。

一件在當下被論斷為不好的事情，最後發展成如何誰也說不定，這就跟穿西裝配球鞋在古早的年代會被笑又土又俗，現在卻是大家爭相跟風的穿著打扮一樣，因此，我一直堅持要用包容的心去看待身邊的所有發生的事情，就像我本身除了是職業婦女，也是擁有三個孩子的母親，在教育孩子方面，只要他們不要違背公序良俗，想法與作為上不要太過離譜，都不會加以限制，甚至還會支持他們盡量開創「新局」。誰也說不準他們現在天馬行空的想法會不會在二十年後突然變成萬民效法的對象。

身為家長，我的出發點是希望能圓滿孩子的生活，但不會畫出一個完美的圓，要求他們只能待在中間，畢竟「剝奪」從來都不會是圓滿與快樂的成因。我容許孩子有不一樣的想法，去開創屬於他們自己的圓滿，我們只要站在一旁輔助，讓他們不要偏離軌道即可。同樣地，對待客戶也是同樣的態度，身為保險業務員自當盡心用專業為客戶做出最符合需求的保單，也會接納客戶有不一樣的聲音與看法，我的出發點是希望能圓滿客戶的人生，但是不會堅持他們一定要按照我的建議去做。

有些同仁會難過自己原本與客戶講好要簽保單，客戶卻臨門抽手，突然變卦，表示想要買其他公司的保單，一方面他覺得客戶很不夠意思，一方面又責備自己做得不夠好，覺得被其他公司的業務員捷足先登很失面子。我常對他們說，不需要覺得挫折，客戶這樣是正常的，並沒有不對，我們盡力去完成客戶的需求，已經做得很好了。保單的成交是幫助客戶延續他們對人生的承諾，圓滿客戶的人生才是目的，只要能夠圓滿客戶的人生，不管客戶最終的選擇如何都是最好的決定，對於盡好本分的我們而言，已經是成功達標。關掉耳朵，忘掉別人的評價，因為他們並不能鐵口直斷我們的未來，我們自己才是人生的主宰。

我常覺得要用更開放的心去看待事情，過去沒被接受的看法，或許未來會被接納，過去沒有成交的保單，不代表未來就沒有機會成交。尤其在保險這一行，更是要擁有應對「改變」的能力。同樣一件事情，當放置的時空背景不一樣，往往得到的結論就不一樣。別擔心自己現在的表現好不好，只要善盡我們該做的，就是圓滿了自身的工作；只要最後的結果是對客戶好的，那麼我們就是盡力圓滿了客戶的人生。

春風話語

★別擔心自己現在的表現好不好，因為同樣一件事情，當放置的時空背景不一樣，往往得到的結論就不一樣。

★關掉耳朵，忘掉別人的評價，因為他們並不能鐵口直斷我們的未來。

★無論我們想要什麼樣的人生，自己才是人生的主宰。

★保單的成交是幫助客戶手段，圓滿客戶的人生才是目的，所以在我們努力完成客戶每個當下的需求，請對自己說，你已經做到最好。

★只要善盡我們該做的，就是圓滿了自身的工作；只要最後的結果是對客戶好的，那麼我們就是盡力圓滿了客戶的人生。

22

聰明停損，勇敢說不，別忘了我們也能選擇客戶

業務員被拒絕應該是一種日常，所以習慣了也就沒有什麼了。畢竟每個人都有選擇的權利，我們能做到的是提出最適合的保單供客戶選擇，至於客戶要怎麼選擇並不是我們能夠決定的。身為業務員，我們能選擇的除了用心為客戶規劃保單與服務，以及盡力圓滿客戶的人生需求，我們也能選擇「對客戶說不」。業務這條路要走得久，一定要記得建立客戶篩選機制，別忘了，我們也可以選擇客戶，而不是只能被動讓

客戶選擇。

業務員也能選擇客戶嗎？當然能！保險業務員跟其他業務員最大的差異點在於保險業務的服務不是一陣子，而是一輩子，至少，必須要到離開這個職業為止，所以與客戶之間的關係就相當的重要。如果今天是一名賣車子的業務員或者是賣電器的銷售員，那麼就不一樣了，如果商品本身品質是ＯＫ的，那麼賣出去之後，就結束了這項業務工作，業務員接著就開始對應下一位客人，瑕疵或故障的商品有專業的維修人員處理，遇到需要問題排解的客人也有專業的客服人員在第一線妥善應對。壽險業務員從行銷到客服都必須要自己包辦，雖然不需要維修商品，但是必須長期保固客戶關係，數十年「維持」良好互動，選擇客戶自然要慎重。

我的脾氣是公認的超級好，不管要先「禮」或者是先「理」，對客戶的服務一定務求周到，客戶可以充分表達才能知道他們的需求，無論客戶說什麼，都會笑著點頭說：「您說的很有道理，我會思考看看。」若是專業評估過後認為無法滿足客戶的需求或者遇到完全無法溝通的客戶，會建議他們找更適合的業務員服務。未來相見的日子還很長久，如果希望與客戶相見的每一次都是開心的，當然要選擇能夠與自己同頻共振或者是處得來的客戶啊！

曾經有一位從事鐘錶行業的朋友分享了一個故事：一個朋友介紹來的客人來到店裡挑三揀四，花了一個小時看中了兩個時鐘及一只錶，想要一起帶走，問他能不能給點優惠價格，他心想是朋友介紹的就大方給了折扣，原以為客人會高興買單，不料對方將價錢殺得更低，鐘錶本來就是薄利的商品，又折扣又殺價的，自己總不能賠錢售出，於是拒絕接受，對方見老闆遲遲不肯讓步，表示只能買一只手錶，此時老闆也不糾結，飛快地對他說：「好的，你眼光真好，看中這只手錶，不過不好意思，這一只可能就不能打折了，謝謝您惠顧，歡迎下次再來。」老闆隨後開心地送走這位客人。

說完這件事情老闆笑著告訴我，只要遇到這樣的客人：「快快把他送走就對了！」我當下受到很大的啟發：遇到「不合拍」的客人，不要糾結，快快送走是為上策，這樣對方才能找到適合自己風格的店家或業務，我們才能把時間用在業務工作與客戶服務上，對彼此都好。

當然很多客戶是陌生開發來的，見一、兩次面不一定能看到真性情，這就好像男女朋友交往期間會表現出最好的一面，總是要日久才能見人心，加上每個人的個性原本就不同，更會因為本身所經歷的事情而改變，慎選客戶，就像選老公一樣，對業務員來說，僅次於老公與家人，客戶是與自己相處時間最長的人。客戶要慎選商品與業務員，獲得良好的服務，而我們也要慎選客戶，專注提供優質服務給需要我們的客戶。

有一句很流行的話是這麼說的「小孩才做選擇，我全都要」，但在客戶這方面，如果能夠選擇，千萬別什麼都要。取捨是一種讓生活優化的能力，照單全收未必能保證好的結果。每個人都有和他調性接近的人，能有相同的語言，可以相處愉快，那就讓適合的人去照應即可，不需要爭著挑戰自己的極限，更不能因此排擠掉服務其他客戶及進行業務工作的時間。

選擇業務這一行就等於跟自己所有的客戶建立了長期的緊密關係，客戶量固然重要，選擇客戶更重要。不管客人是什麼職業身份與個性，對適合的業務員來說，都是好客人，如果可以，選擇「最適合彼此」的客人，才能提供最好的服務。業務這條路很長，有快樂的業務員才有開心的客戶，業務想要順，第一件事就是讓適合的客戶看到自己。

春風話語

★客戶不選我們不是因為我們不好，只是因為不適合。

★每個人都有差異性，別忘了我們同樣有選擇。

★取捨是一種讓生活優化的能力，照單全收未必能保證好的結果。

★遇到無法溝通的客人，最圓滿的方式是開心地送走他們，讓他們找到適合服務他們的人。

★業務這條路很長，有快樂的業務員才有開心的客戶，業務想要順，第一件事就是讓適合的客戶看到自己。

★選擇「最適合彼此」的客人，才能提供最好的服務。

23

只要習慣好，成功很簡單

成功像煲湯，用好習慣耐心燉煮，慢慢地「味道」就出來了。
不管工作多少年，只要「習慣」如一日，那就成功了。

每月到了十五號的時候，金城的大家長陳榮昌總監總會問大家：
「今天心情有美麗嗎？」

很多人選擇做保險，心情總是一則以喜，一則以憂，開心的是做保險沒人管，主管也不發薪水，不用看主管臉色，自己就是頭家，愛進公司就進公司，不想進公司就可以到處趴趴走，很自由，而美中不足的是薪水不穩定，高低起伏大，沒有底薪的保障。但是在我看來，保險工作好得不得了，不僅薪水沒有天花板，業績更是無上限，至於領薪日的心情美麗不美麗？能不能美滋滋地過日子？這就看自己踏不踏實以及「習慣」好不好了。

這三十幾年來，我身邊的同仁來來去去，不管學歷高低，很多人匆匆來也就匆匆地離開，或者賺到錢便早早退休，離開職場，像我一樣從年輕做到老的為數不多，不管天氣陰晴，早上一定進辦公室開晨會，不管是否有行程，每天固定打十通電話給客戶，投入時間與產能一定是成正比，就這樣把工作變成習慣，堅持做對的事，數十年如一日熱愛工作，這個過程就好像在雕刻，堅持一天敲一點，曠世巨作總會成型。

就算是標準「三不管」：薪水多少沒人管，工作時間長短沒人管，以及工作狀態沒人管，我的工作習慣依然很好，把自己當成「全能總管」。擁有好習慣讓我做什麼像什麼，一切都可以心安理得。週一到週五對我來說就是上班日，六日則是「隨意加」，星期六老公如果要出門，我會跟著出門，星期日老公固定出門練劍的時間，我也會陪他出門，在辦公室一邊處理工作一邊等他，我又是好太太又可以做事情，一兼二顧。

把自己的上班日固定下來可以保有一定的業績產出。很多人認為自己就是不想要朝九晚五上班，更不想每個星期要從星期一工作到星期五才來做保險的，我這樣安排工作時間跟「上班」沒兩樣，沒錯啊！就是上班！想想看，我們到其他行業應聘的時候會不會輕易缺工曠職？不會！如果不到班會被扣薪水，大家兢兢業業。業務固然很自由，不工作就等同自己無形中扣走自己的薪水，如果想要工作有彈性，那可以在一個星期當中選擇幾天固定上班，或者是在一個月當中安排適當且合理的上班總時長，這樣既保有彈性，又保有工作量，豈不兩全其美？

業務到了月底會極度焦慮便是因為工作時間缺乏適當的安排。常常玩的時候沒有辦法放心玩，總想著自己該去拜訪客戶，而有愧疚感，工作的時候又沒有辦法全心工作，想著要出去玩，覺得被工作綁住，不斷內耗的情況下，加速疲憊感甚至一邊玩一邊必須處理工作，無法全心工作，也無法盡心玩樂，兩邊都顧不好。

擔心自己的業績，或者煩惱沒有客戶的時候，先問問自己：「我有每天做到跟保險有關的事情嗎？」一天一點總會走到終點。有時候星期一到星期五的期間，客戶跟我約吃飯，我在餐桌上絕對不談公事，大家盡情交流生活，餐後我會主動載客戶，回家路上聊天的時候，並不會很刻意去講，但會分享一些保險的觀念或者是介紹新的商品，只要當天跟客戶談到保險，就會覺得自己今天有工作，並沒有辜負自己的薪水而感到開心。每一天睡覺前，也都會問自己：「今天有沒有做到跟保險有關的事情？」如果有，那我就覺得格外的踏實，也能安然入眠。

除了週一到週五必到公司上班，我一定會參加晨會。很多新進同仁對晨會避之唯恐不及，有的是不想要早起，有的是前一天熬夜根本爬不起來，總是找盡各種理由不出席。開晨會是一件很有意義的事情，同樣的主題不同的人來講，一定會有不一樣的內容與值得吸收和學習的地方。在晨會上，只要覺得有任何一句話或一個行銷方法可以影響到我，便會立刻記錄下來，無論分享者是資深保險從業人員還是新進的同仁，我都堅持用同樣的態度聆聽與學習。

紀錄是個好習慣。紀錄晨會裡學習到的內容，紀錄客戶的喜好與需求，溝通應注意的地方，以及記錄每一筆開支是我的日常習慣。筆記很重要，當中省思筆記更重要，除了紀錄內容，更要寫下反思與調整，當我學到了一個行銷的方法去實踐的時候，得到的反饋是什麼？有沒有需要調整的地方？當我與客戶交談的時候，客戶的反應是什麼？有沒有什麼是我沒有注意到的點？當我花這筆開支的時候，目的是什麼？有沒有花在有效率的地方？就像棋手下完棋之後一定會覆盤一樣，工作完也一定要檢討，紀錄是第一步，檢視是第二步，調整作法是第三步，這三步連動，就可以確保自己的表現一天會比一天更好。

盤點我的習慣，其實都很簡單，我固定進辦公室、固定參加晨會、堅持每天做跟保險有關的事，堅持記帳與反思。簡單的事重複做，生活簡單又有效率。在任何領域，尤其是業務這一行，想要盡其在我，先建立好習慣，並且持續做，就像細火煲湯，慢慢地，就能聞到成功的芬芳。

記得每天問自己一句「今天有做跟保險有關的事情嗎？」

春風話語

★業務成功的關鍵，堅持做對的事，堅持好習慣。

★簡單的事情重複做，生活簡單有效率。

★想要成為什麼樣的人，就讓自己擁有同樣的習慣。

★成功像煲湯，用耐心慢慢煮，久了就會燉出卓越的味道。

★業務最大的優勢就是能夠安排自己的每一分每一秒，想要什麼，都能靠自己決定。

★工作習慣決定工作成果。

★投入與產出成正比，追求目標的過程就像雕刻，一天敲一點，曠世巨作總會成型。

★不因工作影響生活，不因娛樂影響工作，好習慣讓我們做什麼都可以心安理得。

無知是最大恐懼，

守舊是最大錯誤，

等待是最大浪費，

放棄是徹底失敗！

24

專業打造讓客戶開心的建議書

我一直希望自己的每一份建議書送出去，客戶在簽保單的時候都是開心的，這樣我也會很開心。

一份保單成交的最主要關鍵是「寫建議書及分析建議書」，這是最考驗業務員專業的部分。很多業務員在做建議書的時候疏於通盤考量以至於無法成交保單，這就是基本功沒做好。對一個專業的保險業務員來說，能夠針對客戶的需求量身打造建議書是最基本的要件，除了替客戶考量最需要的的部分，更希望客戶買到這份保單會很開心，所以對我來說，這就不是擬好建議書送到客戶手上這麼簡單的事情，除了專業更要用心。要擬定一份讓客戶可以開心成交的建議書，方法很簡單，只要掌握前、中、後三期的應注意事項，客戶開心成交也是剛好而已。

建議書不就是量身打造就好嗎？對！業務員要有規劃保單的基本專業能力，但是建議書不可能就這樣放著客戶就願意簽下保單，對客戶說明的動作是成交很重要的環節。畢竟送建議書的目的是希望客戶可以開心買到最需要的保障，我們也能開心成交一張保單。在所有建議書要送出去之前要再三確認細節，更要反覆沙盤推演客戶可能的提問點，練習多次不同的講法後，再確認一個最佳的說法。在初期做保險的時候，我甚至會自己錄音，反覆聽自己所講得建議書內容，然後修正至周延。

送建議書的過程就好像當老師的時候到學校應徵一定會被要求的「試教」，不可能上台就隨便講講，必須要先在教室裡準備教案，然後反覆練習教法以及時間的控制，建議書在某個層面上，就如同教案，而跟客戶講解就跟「試教」一樣，在教師甄試的時候，如果表現得好，能讓校方滿意就能夠到學校任職，同樣地，在送建議書的時候，如果講解得好，能夠讓客戶滿意，那就有機會成交。好了！關鍵來了！問問自己，在建議書3送出去之前，你「試講」過了嗎？

一定要試講嗎？客戶自己看不行嗎？沒錯！客戶如果都能夠自行了解保單條款，就不需要業務員了啊！建議書做得好，客戶點頭的機率就高，但是講得不好，也沒有辦法成交，往往一份建議書送到客戶面前，如果沒有在當下讓客戶簽下保單，再想要有機會簽下來，可能要等半年以上了，所以，建議書也是要經過「試講」的，而且不只要講一次，要一直講到連自己都覺得無懈可擊才行。那要怎麼練習講建議書呢？

在完成建議書之後，我會要求自己講出五個客戶買這張保單的理由。為什麼要先準備好？通常在為客戶講解的時候，我會問客戶為什麼要買這張保單，如果客戶講出來的理由跟之前準備的內容一樣，那麼當下我就知道，中了！這張保單會成交。如果客戶只講到我所準備的理由當中的三個，那我就會再將其餘的兩個補充上，無論如何，客戶都能感受到買這張保單很有意義，因為能得到五個那麼多的好處。

做出適合客戶的建議書，講解到客戶滿意，這樣就好了嗎？我們還可以做得更好，通常送完建議書之後，我會進行反省與評估，除了達到了彼此都開心的目標之外，會思考對方為甚麼會簽這張單？我講了哪一點打動了他？也會思考今天自己哪裡有所失誤，有哪些地方需要調整？

通常跟客戶見面總免不了要話兩句家常，聊天的內容總是天馬行空，這時可以很輕鬆，若是對於保單的講解則要「慎重」以對，除了精準還包括「悅耳」。還記得早期為客戶講解保單的時候，就是照著建議書的內容直白說明，當下在講的時候可能沒有感覺到不妥，但如果經過試講的過程，在聽錄音帶回放的時候就會意識到自己說法上有哪些需要修飾的地方，這樣既能把保單講得清楚，客戶心底也會舒坦。

另外，建議書的設定也有小技巧，雖然我們都希望客戶能買大保單，保額越高，保障越好，但是通常我們建議書不能設太高，也不能設太低，因為這關乎到客戶心理層面的運作。舉例來說，如果我知道依照客戶的實際情況來設定，當下最有可能的成交保單的金額是三萬，做建議書的時候會設定對方可以買三萬，但是不會跟對方說「你買三萬就好」我會加上一句「這一個單位是三萬，你想要買三個或五個都可」，畢竟我們不是客戶，沒有辦法知道他真正的想法，搞不好對方想買五十萬，如果跟對方說存三萬「就好」，客戶會覺得自己被看低了。

懂客戶的心理很重要，講話得體就容易成交。比如說，如果我為客戶規劃一份年繳六萬的健康險建議書，我會跟對方說「一個月五千塊，你覺得夠嗎？」一句「你覺得夠嗎？」就代表我肯定對方的實力，還可以買得更多。如果對方說夠了，那就差不多，這張保單就是他買了會開心的保單，不需要再加。如果對方遲疑了，就算知道客戶有可能是因為金額太高，需要再考慮一下，也不能直接問客戶是不是有困難，需不需要減少？可以改問對方「您是不是覺得不夠？有沒有地方想要加強？」

這樣的講話小技巧就能讓對方感受更好。

每個人都希望被別人看重，如果對方資產雄厚，言語之間若讓對方覺得自己被認定為底氣不足，會覺得不高興，如果對方是普通小康背景，更不希望被認為自己沒有經濟實力。有時候，保險能不能成交，就只是一個「奇檬子」（心情）的問題。一份讓客戶開心的建議書，不管最後有沒有成交，從送出去之前，一直到最後，過程都應該是能讓客戶開心的。有時候，客戶一開心，臨時加碼也是常有的事。

「這是頭一個孫子的保險，那大孫就做多一點，要做四萬也可以，我覺得可以增加，你覺得呢？」

「那這樣再多加五千好了。」客戶想了一下，主動加碼。

「這樣的規劃很好，我們過一陣子也可來調整，要再多一點也可以。」

走出門外，陪同我拜訪客戶的女兒訝異地問我，怎麼能夠就這樣聊著聊著保險就成交了？我笑著對她說，阿嬤有多疼大孫妳知道嗎？所以，我建議要增加，她也會開心笑納，找到客戶開心的點，也是很重要的成交關鍵。

做建議書要做「整套」，全方位打造一份專屬的建議書，讓客戶從頭到尾都開心，才是一份好的建議書。

春風話語

★送建議書的過程就是一場「試教」，要事先沙盤演練，客戶滿意，自然成交。

★不要讓建議書的結果告訴自己講得好不好：「試講」可以讓自己每次都講得很好。

★為客戶找到五個簽保單的理由，讓客戶感受到買保險的意義與價值。

★肯定對方的實力，尊重對方的選擇。

★客戶開心的點就是成交的關鍵。

★成交一份好保單，需要一份好說法，說話得體讓保單成交更容易。

★當成交時客戶與業務都開心才是一份好緣的開始。

★好的結果可以靠刻意練習達成，好的保單，可以靠「試講」成交。

25

用心看見細節，獨鬥業務手冊開啟坦途

遇到高挑戰性的客戶，你把時間拿來抱怨，還是拿來檢討？

新進業務進到公司裡，主管一定會給予既定的養成教育，業務員守則與規範是必須要熟讀的，但是，這只能確保自己能夠成為一個合格的保險從業人員，是成為一個保險業務員最最基本且必須的條件，卻不能保證業績的高低以及有沒有搞定客戶的能力。

如果每個客戶看到業務員送建議書就願意拿起筆簽下去，那麼做業務這個工作就太簡單了。客戶百百款，所以，做業務這項工作，心臟要很大顆，因為遇到挫折的機率與承受的壓力比起其他工作要高上許多。不管是菜鳥業務還是老手，誰沒看過幾個客戶的臉色？誰沒吃上幾頓閉門羹？就算是拿過 MDRT 的 TOP SALES，他們遇到的挑戰也從來不會少過。

業務要面對的變數很高，加上有時候客戶的情緒與狀態比天氣變化更加難以捉摸，被拒絕這件事對業務員來說是家常便飯，我們要做的是不是在事情上糾結，不需要花寶貴的時間去抱怨，更不需要大家一起抱團取暖。想要減少挫折的打擊率，要做的事情只有一件，那就是：寫工作紀錄。就算一天只有三、五行，只要寫下的是「重點」，那麼，這就是最有用的業務操作手冊。

不會吧！寫工作記錄就能把所有的客戶都寫成好客嗎？是的！你沒聽錯，就從簡單記錄工作開始，業務操作手冊自己寫，就可以改變未來。

科技再進步，都比不上一支筆跟一張紙的威力，每天將晤談客戶時發生的狀況記下來，反覆思考調整自己的業務方式，再熟記注意要點，調整作法，就是進步最簡單的方法。

比如說，今天去拜訪客戶的時後送上建議書卻沒有結果，記錄的時候不能光只寫下自己當天沒有成交CASE就結束了，需要更近一步將細節都記錄下來，比如說，在對談中間發現客戶聽到哪一段話微微地皺了眉頭，那些遣詞用字引起客戶反彈，或者不小心踩到對方哪些點都非常重要。有些客戶的情緒很直接，業務員有時候無意說了句話挑動對方的情緒，當面就會發出來，也有些客戶禮教很好，情緒管理也很強，並不會當面失控，但是可以從對方細微的面部表情變化觀察得知，分析客戶的底線與痛處並寫下來提醒自己以後不要觸碰，只要一天記錄一點，調整一點，就離更好近一點。

千萬不要小看自己每天紀錄的一點點，因為這就是變化的開始，在日積月累之下，手邊就會擁有自己一本面對客戶獨門的業務操作手冊，練出一套應對客戶的獨門心法。這世界上沒有什麼創造業績的天書與克敵制勝的法典，成交保單靠的是自己一字一句的經驗累積，搞定客戶的方法靠的是通盤檢討的融會貫通。我們都知道，好的工作習慣可以讓自己業務工作如虎添翼，而好的工作記錄可以讓業績翻倍，讓普通客戶變成鐵粉。除了要記錄客戶的喜好、家庭背景、需求與痛點，更重要的是，要從每天的紀錄中去評估自己的做法，哪一些能夠有好的回應，我們就繼續做，如果會有不良的反應，那就要調整與改進，一切都靠紀錄作為基準，如果沒有紀錄，就沒有改進的依據。

同樣的作為會導致相同的結果，如果有一陣子同樣類型的客戶一直不斷出現，那並不是自己運氣不好，是因為沒有調整到對的做法。很多人覺得自己沒辦法成交是因為客戶刁難，實在是太衰了，就認為自己一定要去廟裡拜拜或者是找個能人異士幫自己改個運，這或許有點幫助，但是只能治標不能治本。問神不如問自己，根本的做法是思考的是自己是不是一直重複著同樣的模式所以導致同樣的結果？如果保單不成交，那麼原因出在客戶的成分有多少？如果多數是自己的問題，那麼自己的問題又出在哪裡？針對問題來解決問題是最快的方法，最怕的是只知道有問題，卻不知道導致問題的點在哪裡。

經過一段時間確實記錄與覆盤調整之後，我們手邊就會有一套自己專屬的趨吉避凶法則，可以因應各式各樣的客戶拋出來的考驗。這就像是花時間為自己遇到的問題歸納出解題的公式，然後就可以把公式運用在同樣類型的題目上一樣。想成為超級業務員不需要去求聖經寶典，只要勤寫詳記，自然能夠擁有一套自己專屬的心法密技，只要優化自己的專業與應對，就能把身邊的客戶都變成好客，把好客都變成鐵粉，牢牢吸在身邊。

春風話語

★針對問題來解決問題是最快的方法，最怕的是自己只知道有問題，卻不知道導致問題的點在哪裡。

★說話說到客戶心坎裡，就能讓互動舒服開心，不要踩到客戶的痛點，自然就能避開不愉快的情況，每個客戶都是獨一無二的，都有自己在乎的點，不管是喜歡或者是討厭，身為業務員要能夠掌握趨吉避凶的關鍵。

★科技再進步，都比不上一支筆跟一張紙的威力，記下來，反覆思考與熟記，調整自己的業務方式，就是進步最簡單的方法。

★克敵制勝的法典靠的是自己一字一句的累積，搞定客戶的方法靠的是通盤檢討的融會貫通。

★好的工作習慣可以讓自己業務工作如虎添翼，而好的工作記錄可以讓奧客變好客，讓普通客戶變成鐵粉。

★魔鬼就藏在細節中。不要小看自己每天的「進步一點點」。

26

把客戶當朋友交心，把朋友當客戶服務

從事保險業務這一行，除了可以實質幫助到人，最大的收穫是能夠交到許多好朋友。很多時候，我們與客戶間的關係就像釀美酒，越陳越香。在做保險工作的這三十幾年裡，我每天都帶著雀躍的心情上班，出門拜訪客戶就像是去見朋友一樣，雖然各行各業的客戶分散各地，在我心中不管是公司的老闆還是家庭主婦都一視同仁看待，都當成自己的朋友一樣分享最重要的訊息。

我很慶幸這一路上走來，大多數的客戶也將我認定為生活中的好朋友，我在保險這一行做了很久，久到已經是成為六個孫子的阿嬤了，很多從年輕認識到現在的客戶也跟我一樣已經變成阿公阿嬤，我們建立了幾十年的深厚情誼，變成了實打實的好朋友。我不只是為他們把關的保險顧問，更特別的身兼多對夫妻的「媒人擔當」。雖然現在都是自由戀愛結婚，已經少有媒妁之言，但論及婚嫁的時候，媒人還是少不了的，很多時候，這個角色都是由我來擔任，客戶告訴我，因為我「胖胖的看起來很有福相」。

我非常高興自己能夠成為帶給別人幸福的人，前前後後我已經「出場」數十回，見證了五十幾對新人的幸福時刻，我覺得這是客戶對我的肯定，我從來不收媒人禮，有時候客戶真的堅持要包給我，我也會再加上禮金包回去。他們不只是客戶，更是朋友，朋友之間，最難得的是緣分，我重視彼此的情分，能夠參與圓滿人生的時刻，對我來說，就是最大的福份。

剛開始做保險的時候，我認為不管是朋友還是陌生人，只要願意跟我成交保單那就是對我的肯定，既然對方覺得我這個人還不錯，我就應該要好好的工作，不管是哪一種關係，也不管親疏遠近，該做的服務一定要到位。就是因為抱著這樣的心態，我才能受到大家的眷顧，成為一個有福氣的人。

很多業務員都是從做緣故開始，但往往會因為對象都是自己人，所以便疏於「照顧」，覺得自己人沒有關係，在服務上就沒有那麼周到與仔細，這是相當具有殺傷力的，當朋友變成了客戶，就應當以服務客戶的規格來服務，絲毫不能馬虎。如果因為是朋友就不那麼盡心，那麼耗損掉的是朋友對我們的信任。

照理說，當朋友變成了客戶，彼此的關係應該更緊密，但是如果我們因為朋友這一層關係，認為對方不會在意而沒有盡到應盡的本分，這樣反而會讓友誼走味。試想，做保險的業務員有那麼多，客戶身邊做保險的也不只我一個，之所以願意跟我成交保單，有一種可能是看在彼此的情誼上，願意「捧場」，而另一種則無非是信任我這個人，相信我的專業，以及認為我們之間的關係可以得到更可靠的服務。要知道期望越深，失望越大，朋友交付了信任給我們，一旦失望，那可能朋友都做不成。

一張保單究竟會讓情誼更牢固，還是讓彼此的感情因此變得更淡，完全取決於我們的服務態度。誰的錢都不是大風刮來的，願意「捧場」我們的朋友，當然也可以去捧別人的場，為什麼是我而不是其他人？如果跟陌生人買保單可以得到更好的服務，那為什麼要來跟我買？朋友願意成交保單，不管金額是多少，那都是對我們的一種肯定，越是朋友，我的服務越周到。

很多人一開始做保險，總是汲汲營營去找客戶，保單沒簽之前每天見，保單簽完之後，久久才現身一次，甚至不再出現，這樣子對保險業務工作是相當不利的。建議初入保險這一行的時候，不需要將所有心思都放在開發更多客戶，要撥出一定比例來維繫支持自己的親友與已經成交的客戶。難道開發客戶不重要嗎？當然重要！所以該要進行的拜訪一定要去，需要做的開發一定不能跳過，但是，自己「手頭上」已經有的客戶更是不能輕忽。

只要我們服務做得好，那麼客戶自然不會少，只要服務能夠周到，那麼朋友一定不會跑。我們都希望客戶可以變成朋友，關係能夠長長久久，那原本可以長長久久的朋友，當然就要更長更久才對。三十六年來，我秉持著相同的態度對待客戶，真誠的與客戶交心，把客戶變成自己的好朋友，同時，我身邊也有很多好朋友，變成了一輩子的好客戶。

我一直很慶幸自己並沒有因為業績而忘卻本心，也沒有因為現在已經成為了保險老手而忘記自己的初衷，能有今天富足的生活，並不是靠我自己一個人可以做到的，我始終記得大家對我的支持與照顧，也感恩這份信任一直持續到現在。所以，從入行第一天開始，我就不斷問自己：「客戶有那麼多選擇，為什麼是我？」也不斷告訴自己，要把客戶當朋友交心，要把朋友當客戶服務，因為我們之間的緣分是一輩子的。

春風話語

★把客戶當朋友交心，把朋友當客戶服務。

★只要服務做得好，客戶不會少，只要服務能周到，朋友不會跑。

★開發客戶很重要，但是服務好現有的客戶更重要。

★做最好的服務，所有人都能變成最好的客戶。

27

活到老學到老，投資自己不能少

「哎呀！妳也是江翠的啊！我跟妳說，溫（我們）董ㄟ的阿紀（姊姊）揪拗讀冊（很會唸書），在江翠讀書佳敖誒（這麼厲害）的女生某圭誒啦（沒有太多個）。」

有一次我的大兒子拜訪他們公司的協力廠商林老闆，林老闆並不知道兒子跟兒子公司董事長的關係，跟他提到了「你們董事長的姊姊很會讀書」，兒子心想，董事長的姊姊？那不就是我阿母嗎？回到家，兒子很開心地跟我分享這件事：「阿母，晚來力加熬啊（原來妳這麼厲害）！」

從學生時代我就求知若渴，進入保險業更是覺得懂學習的人才能走出一條跟別人不一樣的路。每個人基本上都是從一張白紙開始做保險：「學習力」是我最大的優勢之一，數十年如一日參加晨會並不是一種打卡的心態，我盡可能抓住每一個能夠學習成長的機會，在我的想法中，晨會所分享的內容一定有某些值得我們學習的地方，就如同閩南語的諺語中「醜醜馬也有一步踢」，只要能聽到一句話，就可能改變我的思路，或者是聽懂一個觀念，可以運用到客戶身上，對客戶或對我就是賺到了。

除了每次晨會必到之外，我每年會提撥一部分的收入當作自我學習成長的基金，視自己的需求安排要上的課程，比如說我現在正在學「老蕭談保險」的課程，八堂課的費用一萬八千六百元，平均一堂課兩千多元，很多人會覺得這樣的學費很貴，不值得。在我的想法裡，這世界上最棒的投資就是投資自己。什麼事都可以精打細算，但是投資自己絕對不能省，所以除了內部訓練與講習，每年嚴選「有口碑」的外部課程，自費學習包括稅法、行銷、健保或者是勞基法等等與客戶切身相關或與保險有關的知識，在將其運用於幫助客戶圓滿人生。

對於課程的品質我相當慎重，經過同業或者是同仁聽過之後推薦的教師，而且課程內容能夠運用到實務上的課程，才值得投入時間與金錢去學習。南山有很好的「分享文化」，只要公司有同仁到外部上課，回到公司便會積極分享上課的內容，大家可以從中知道有哪些領域的課程對保險有幫助。選擇保險老蕭的課程，也是因為聽上過課的同事分享心得之後才放心去上「大家掛保證」的課。老蕭是做了二十幾年的業務老手，能將自身的經驗跟稅法結合作有條理地陳述相當不簡單，聽完課程之後便能直接運用到保險行銷上，這筆錢花得很值得。

想要做好保險，具備專業的保險知能與擁有業務員登錄證是基本的要求，也就是說，只要是合格的保險業務員都擁有相同的能力起點，為什麼有的人能夠做到幾千萬或者上億的大保單，有些人只能做一般的壽險或者是責任險？差別就在於有些業務員本身沒有自我成長。至於能夠成長到什麼程度，就因人而異了。要想「與眾不同」就一定要不斷充實自己，因為學習是最快拉開自己與同業差距的方法。

除了行銷，與保險有關的法令也很重要，稅法年年改，專業的保險業務員要能與時俱進，以前保險認知是免稅，現在有很多計入遺產要繳稅，國稅局有很多實質課稅的項目，所以要保人、被保險人與受益人的各種細節都要寫對，配偶、喪葬、直系親屬等等的安排也都必須要全盤規劃，如果沒有弄對，一個小地方就可能讓客戶損失巨大，如果保險業務員要有相當的專業知能，就可以幫助客戶在這方面做最好的安排，好好守住客戶的財富，所以我們一定要活到老，學到老，才能跟上時代的腳步，為客戶做最好的服務。

為什麼要學習？因為客戶的眼睛也是雪亮的，同樣是保險業務員，如果有一個人不只可以在保單服務上到位，同時又能夠幫忙進行理財規劃與分析投資型保單，還能夠幫忙進行財產配置與遺產規劃，幫忙合理節稅或者省下不必要的支出，從健康、財富、老年生活到子女未來全部統包，那麼，這樣的業務員當然就是客戶的不二人選。就像我們去買車的時候，如果業務跟我們說，不管價格或品牌的差異，簡配與全配都是同樣的價錢，全配當然是大家的不二首選。

古希臘數學家阿基米德有句名言說得好：「只要給我一根夠長的槓桿和一個支點，我就能舉起地球。」把這句話套到保險這一行來說，客戶的問題與需求就像是那顆地球，而保險這個工具就是槓桿，相關的專業知識就是支點。有了支點，我們就可以運用槓桿來說明客戶應該要做好哪些準備與規劃，才能夠解決問題與達到需求。對於業務員來說，學習就是給自己的槓桿加上一個支點，讓自己可以擁有舉起地球的力量。

只要是做業務這一行，人人都想要收到大CASE，但是這種機會不常有，也不是從天上掉下來我們都可以伸手接得到的，如果本身沒有相關的知識與專業，就算餡餅送到我們嘴上來，不只燙手也燙口，想吞也吞不下來。所以，身為保險業務員，我們要做的事情，除了盡服務好客戶的本分，更要蹲好馬步，紮實練功，好好成長，讓自己擁有全配的本事，總有一天機會到了就是自己的囊中之物。

春風話語

★這世界上唯一要全心投資的標的就是自己。
★學習是最快拉開自己與同業差距的方法。
★學習就是給自己的槓桿一個支點，擁有可以舉起地球的力量。
★同樣的價錢，客戶當然選擇全配而不是簡配。

28

不求快速致富，但求穩穩當當

保險是「富到」人家的零風險保本生息

「我的會錢被倒了……」有一天，先生一臉煩惱的看著我，支支吾吾地交代自己會錢被倒的始末，我則相當錯愕，自己的先生跟會跟了二十年，怎麼說倒就被倒了？

「廖老師說他要拿出退休金來攤還給大家，算一算每個人可以拿回大概兩成的錢。」

「他算很有良心了，我看就這樣吧，也不要告他了。」倒會的人何其多，願意負責的人卻很少，我跟先生之間達成了共識，這起倒會事件以領回兩成的金額劃下句點。

「我剛剛幫你算一算，二十年的會標下來，獲得利息是零，剛好沒賺也沒賠，只有四個字可以形容「白忙一場」。」當下覺得很感恩，經歷被倒會之後血本無歸的人多的是，我們最後能打平也未嘗不是一種幸運。

隔天，接女兒放學回家，先生開著車，我跟客戶電話聊著南山新推出的年年春終身還本型保險，平常不怎麼把保險商品放心上的老公，一如往常地邊開車邊聽著我跟客戶的對話，結束之後，他突然轉過來對我說：「妳們南山那個年年春聽起還不錯喔！這樣好了，我每個月的會錢轉買南山的年年春。」

哇！一直抗拒保險的老公，開竅了！

我雖然自己很常買儲蓄險，也非常鼓勵孩子買儲蓄險，但是從不勉強自己的先生買任何一張保單，就算是在車上跟他聊天分享公司的商品，他也總是左耳進右耳出，沒把保險當回事，這一次的倒會事件讓先生開始有了保險意識並肯定保險，也算是一種因禍得福。

更難得的是，我老公終於肯定了儲蓄險的功能。這次事件讓他思考到，跟會雖然有不錯的利潤，但是沒有保障容易衍生被倒的風險，而儲蓄險雖然沒有跟會來得利息好，卻是完全零風險的保本生息，長遠看來，是個累積財富的好方法。老公當年保的「年年春」，每個月只要繳兩萬元，總共要繳十年，全部共繳了兩百四十萬，而現在可以每一年領回十二萬，而且本金還在，在這個「薄利」的年代，聽起來真的是羨煞旁人。

我另外一位客戶也保了同樣的儲蓄險，每年繳費兩百零五萬元，繳費十年，共繳兩仟零五十萬元，十年後每年領一百萬元，他選擇再將這筆錢投入自己孩子的保險，讓下一代有更好的保障。想想如果我們身邊有這樣一筆錢，不僅可以當做緊急預備金，也可以當做孩子的教育基金，或者是結婚的老婆本、買房的頭期款等等，而且每年都可以領，能夠因應人生各階段的需求，如果不用掉，長期下來所滾出的財富，也相當可觀。

儲蓄險是遠水，不一定救得了近火，但卻能保證一輩子有水喝。在保險業服務這麼多年，除了基本的醫療保險規劃之外，我相當鼓勵大家保儲蓄險，因為如果不把錢存下來，總是會有各種理由讓它們消失，等到真正需要用的時候，手邊缺乏資金，可能就錯過了一次很好的機會，豈不是相當可惜。在這個大家都想要財富自由的年代，很多人夢想要快速致富，也有很多人努力開創被動收入，在我看來，快速致富的都不一定保險，但保險的都能穩健收益。雖然保險不能讓人一夕致富，但是卻可以穩定增值，儲蓄險是一項非常棒的理財工具，能無壓力強迫存款，讓自己等著快樂坐領被動收入。

感恩我不是一般的婦道人家，因為我有專業與工作，可以「富到」人與家。

春風話語

★快速致富的都不一定保險，但保險的都能穩健收益。

★珍惜當下，但要放眼未來，好與不好，時間會證明。

★保險不能讓人一夕致富，但是可以穩健增值。

★儲蓄險是遠水，不一定救得了近火，但卻能一輩子有水喝。

29

養成習慣，打造存錢的動機，創造累積財富的理由

「妹妹啊！妳要不要買個儲蓄險？」我對自己的女兒說。

「不要，我根本沒有辦法存錢。」女兒連想都沒想，一口回絕我的提議。

「那這樣好了，我們來『相對提撥』。」我沒有馬上放棄，也沒有道德勸說，而是提出了另一個方法讓她參考。

「相對提撥？」古靈精怪的女兒對我提出的建議感到好奇。

「對啊，妳出多少，我相對提撥多少給妳，我們來買儲蓄險。」看著眼睛閃閃發光的女兒，我心想自己真是個聰明的媽媽，能想出這麼棒的方法，任誰聽來都很難拒絕吧！

「聽起來好像還不錯，感覺可以試試。」存多少就得多少，沒有什麼比這筆交易更划算了，女兒開始認真思考能存錢的可能性了。

我女兒是個懂得生活的孩子，相當獨立自主，但工作了好些年，並沒有存下多少錢，年紀輕輕賺來的錢大多數都拿來投資自己的能力、享受人生與體驗生活上，跳舞是她的最愛，出國遊學打工兩年存了一百萬元到美國學跳舞一期，完成自己的夢想，身為從小就讓小孩自由發展的媽媽，我覺得能夠這樣過日子是很帥氣的，但如果一個獨立的單身女子能夠替自己存上一筆錢，那往後的日子將會更有底氣。

我曾經勸她用買儲蓄險的方式來強迫自己存錢，她完全不為所動，因為對她而言，這個世界太有趣了，有太多值得花錢去探索的事情，沒有多餘的錢能夠存下來，更不要說定期繳錢買儲蓄險。雖然在生活的各個方面從來不需要我替她擔心，但是也維持著每個月都「月光」的常態，我希望女兒能夠做好接下來的儲蓄規劃，而她總是對我搖搖頭，說自己買不起保單。

我左思右想，心生一計，為女兒規劃了一個六年期的儲蓄保單，並且提出了相對提撥的建議：保單金額由她來決定，她要存多少錢，我就相對提撥同樣的金額讓她存保費，她聽完覺得好像很划算，於是就開始想辦法存保費，畢竟只要存得越多，所得到的相對提撥也越多，六年一下子就過去了，女兒從中體驗到了儲蓄險的好處以及「強迫儲蓄」的可能性，從此便自動自發開始了買儲蓄險的規劃，人生也因此更加豐富。

想要投資要有本錢，想要收穫也要有把種子，儲蓄險是理財最好的開始。雖然當初女兒覺得儲蓄保單的還本遠不及股票投資的獲利高，但也深諳股票投資高利率也伴隨著高風險的道理，相較之下，保單不但保本生息，也可以穩健的還本。存多存少不重要，越早開始存越好。於是當她慢慢有了第一桶金之後，就開始自己自動自發買儲蓄險累積財富，漸漸變成了小富婆一個。

我女兒真的沒有辦法存錢？答案就擺在眼前了，如果我當初沒有想到這個「相對提撥」的方法，可能她到現在都還是認為兼顧生活品質與儲蓄是不可能的事。當然我不否認是由於這種「相對提撥法」提高了儲蓄的可能性也加快了累積財富速度，但是最重要的是藉由這樣的方式創造出她願意改變生活方式並累積財富的理由。

每個人都希望自己的生活無憂，多數人拼命賺錢或努力存錢卻不一定能累積到想要的財富是因為不懂長期累積的力量又欠缺一點動力及一個好的理由。我的提議讓女兒在沒有降低存錢的門檻下，願意跨出第一步，為了自己以後能有舒適生活，讓「有錢」成為存錢的動機，當體會到了存錢一點也不難，就更能增加累積財富的信心與動力。

累積財富確實需要一個歡喜甘願的理由。我年輕時候的夢想是買五間房子，當時努力賺來的錢，不是用來繳房貸，就是用儲蓄險的方式強迫存下來，開源、節流與儲蓄並行之下漸漸地接近夢想的條件就更充足了，不知不覺中我的五房大夢皆已落實。買房子曾是我努力存錢的理由，夢想達成了就不需要存錢了嗎？當然不！我又開始替自己創造另一個賺錢的理由。這一次累積財富的理由是為了發給所有金孫一筆來到地球陳家的入住獎金。

孩子結婚之後，陳家迎來了第一金孫，升格阿嬤的我開心到送出一百二十萬元的禮金給金孫，買美元保單每人每年約繳台幣二十萬元，共繳六年，每人共保有一百二十萬元，並且發下豪語，以後每一個孫子都能擁有同樣的禮物。我承認原本一開始自己心裡想的盤算是，現在人孩子生得少，自己的兩個兒子可能各生一個孫子，總共是二百四十萬元，而且正常程序可能要隔個幾年才會有第二個孫子出生，所以認真一點工作，這點紅包阿嬤還是給得起的，沒想到我的兩個兒媳婦陸陸續續總共替陳家添了六個孫子，這代表我一共要包七百二十萬元給所有的孫子，於是為了信守身為阿嬤承諾的金孫入門豪禮，我每天笑著努力工作存錢。

有時候我們賺錢不完全是為了自己，大部分是為了要給孩子更好的未來，也可能是為了要讓家人有一個安穩的住所，但不管是哪一種，擁有財富就代表我們擁有能給予幸福的能力。就像我已經到了阿嬤的年歲了，但我做保險我驕傲，對現在的我來說，包紅包給金孫就是努力的動力，雖然這些賺來的財富不在我的口袋裡，但是卻讓我擁有可以分享幸福快樂的底氣。給予的當下，我無比的快樂，因為我知道我有能力可以帶給別人幸福。

相信大家都有想要守護的人，或者是想要達成的夢想，所以有了努力工作的理由，如果沒有，那就替自己找一個吧！最終會發現，不但賺到錢，更能存下積蓄，那些自己不曾有過的財富漸漸地累積成一種創造幸福的能量。

春風話語

★想要獲取財富，就請找到努力工作的動力，如果沒有，請為自己創造一個累積財富的理由。

★賺錢很難，存錢可能更難，但是只要開始，什麼都不難。

★重要的不是存多少，而是越早開始越好。

★賺錢不一定是為了自己，擁有財富就擁有能給予幸福的能力。

★會賺錢代表有能力，能存錢才能有底氣。

英雄

自信是人才，大膽上舞台，

台下褪鉛華，依附是自我！

自古英雄找舞台，哪有主角等燈光！

30

不放棄人生就有機會翻盤

我一直覺得自己命好，因為我的人生一路都很順遂，但這並不代表我的人生中沒遇過低潮，曾經因為朋友借貸的關係讓自己處於生活窘迫的狀態，還記得最慘的時候，加完油口袋只剩下五十元，雖然如此，我每天還是笑著走進辦公室，笑著回到家，因為我認為不管發生什麼事，一定會有機會翻盤。

為什麼我可以這麼樂觀，除了天性使然，最重要的是在人生中，曾經出現這樣一個來不及的遺憾。我有一個緣分很深的同學，從小學到大學，我們都考到同一所學校，畢業後也同樣到學校任教，雖然我早先一步進入保險業，最後還是走到了同一條路上。

命運的安排就是這麼特別，即便多次告訴她從事保險業的優勢，但她始終不為所動，一次突然地造訪，她無意間看到放在桌上的薪資條才開始對保險工作心生嚮往，決定離開教職與我一起到保險業服務。甚至到後來，在同一間公司上班，又同時晉升到區經理，可以說是朝夕相伴，情誼相當深厚，同樣地，我們也一起經歷了人生中最慘的一年，同在低谷的我們，唯一的差別在於失去錢財的我咬咬牙還能度過，而她在四十五歲那年卻因為癌症而撒手人寰，來不及為自己努力些什麼，人生已無翻盤的機會。

每個人可能會遇到人生中過不去的坎，但是天大的困難擺在面前，都比不上被老天爺宣判自己的死期。原本被診斷出來是乳癌第二期，理應可以與死亡擦肩全身而退的，沒想到病情卻嚴重到醫生宣告不治。我和她的辦公桌僅隔著一個隔板，當她離世後，她的先生承接業務，由於隔行如隔山，為了方便協助文件的處理，拆掉了中間的隔板，那是我做過最後悔的決定，因為，每次抬頭看到那空蕩蕩的辦公桌，忍不住落淚，那曾經熟悉的身影已經不在，溫暖與笑語也凍結在回憶裡，在最辛苦的那段日子裡，好友的離世對我無疑是雙重打擊。

死亡總是來得讓人措手不及。那些日子，我相當不適應沒有她在的日子，總會不自覺地轉頭對她說話，對著沒有回應的空位發呆半晌，不知道是為了她的離開難過，還是為了自己那段難熬的日子難過，都有吧！

悲傷的日子一天一天過，突然體認到了，我告訴自己：「人生必定有得有失，只要把身體照顧好，一切都好說！我一定要撐下去，一定要！」

於是我振作起來，人沒有一輩子都處在高峰，當然也不會永遠處在低谷，沒有什麼是過不去的。靠著這樣的信念支持自己，我慢慢走過了那段悲慘歲月，也迎來了喜樂的人生。把一手壞牌打好需要的不只是技巧，還要有強大的心智。「明天會更好」對我來說不只是一首勵志歌曲，也是我用人生經歷驗證的鐵律：「明天永遠是美麗的」，這是我的人生觀，也是讓我持續往前的力量。

選擇從事業務工作，耐挫度一定要夠，畢竟業務員遇到的挫折可能比正常人碰到的還多，聽到同仁抱怨的時候我總想著，當還有力氣抱怨自己很倒霉的時候，往往還是有那麼一點幸運在身上的，很多時候，當下覺得很糟糕的事情，經過了之後，往往變得雲淡風輕。因為我走過最陰暗的峽谷，明白人生沒有過不去的困境，只有過不去的心情，越快做些什麼，就越能夠脫離困境，只要堅定的相信明天又是嶄新的一天，日子就會越走越好。

人這一生當中，一定有我們想要努力的目標、想要達成的夢想、想要守護的人、在追求的過程中，難免會遇到困難與險阻橫亙在途中，但不管怎麼樣，只要活著，就有希望，能夠改變一切再創高峰！

春風話語

★人生沒有過不去的困境，只有過不去的心情，只要堅定的相信明天又是嶄新的一天，日子就會越走越好。

★當還有力氣抱怨自己很倒霉的時候，往往還是有那麼一點幸運在身上的，經過了之後，就變得雲淡風輕。

★把一手壞牌打好需要的不只是技巧，還要有強大的心智。

★人最大的底氣是不屈不撓的勇氣，而最大的本錢是自己。

★不管遇到什麼挫折與困難，請告訴自己「沒關係，我還活著，就能夠改變一切。」

31

內核穩定，再大的衝擊都不會倒

保險業務員與其他業務最大的差異在於，我們不僅是商品的販售者，更是權益的維護者，客戶無法顧及到的方方面面要靠我們的專業來守護。

「林小姐，我想要解約，但我怕本金拿不回來！」客戶在電話的另一端，焦急不已。

「你為什麼想要解約？約個時間見面談。」我氣定神閒地回答。

「為什麼？難道你都不擔心嗎？大家都叫我要趕快解約，要是慢一點處理，可能錢都拿不回來了。」客戶對我輕鬆回應的口吻感到很疑惑，這時候大家急著解約，就怕萬一慢上半拍就會血本無歸，我還阻止他解約。

「不需要擔心啊！保險走的是合約，上面白紙黑字寫清楚了責任歸屬，所以根本不需要擔心，如果你現在解約了，最高興的就是保險公司了，因為它就不需要再付給你 8% 的保單預定利率了。」

從事保險的三十六年裡，每一天，我都過得「循規蹈矩」，當然，這是我自己的「規矩」，我對自己的選擇深具信心，從未曾動搖過，哪怕是在 2008 年的金融海嘯發生，突然間就爆發了一波接一波的解約狂潮，同時間業務員也大量流失，這些對我沒有絲毫的撼動，我仍然每天開開心心的上班，做該做的事。

當初這隻黑天鵝來得太突然，讓很多人都措手不及，隨之而來因為恐懼而引發的各種「脫手」效應，在金融海嘯爆發的時刻，正值公司面臨了一些挑戰，客戶的信心受到動搖，因此有許多客戶在第一時間衝到公司吵著要解約，公司擠滿了人，鬧得人心惶惶，許多業務員也受到影響，掛冠求去的也不少，一時間，整個大環境的氛圍相當的緊張。

雖然如此，影響到我的是那陣子迸發客戶解約潮，需耐心重複地說明，以至於電話應接不暇，業務量陡增，但在我手上解約的客戶並不多。在客戶嚷著要解約的當下，極力勸客戶要冷靜下來，並且替他們分析解約與否的利弊得失，客戶聽完之後，紛紛打消解約的念頭。我認為不管發生什麼事情，跳開恐懼與擔憂才能夠做出最好的決斷，當事件發生的時候，我們要做的不是跟著群眾質疑，而是加強確認的動作。無論是在保險這一行當業務，或者從事任何行業，內核穩定是相當重要的，只要內核夠穩，就不容易受到環境波動的影響，再大的衝擊都不會倒。

哪怕是讓很多人破產的金融海嘯都沒有打倒我，反而在這個時候，我建議客戶先辦理貸款，解除心中疑慮，在我手上留存的客戶數量相當高。我從來沒有想到自己會因為勸客戶不要解約而獲得公司的獎勵，自己不過就是盡本分做該做的事情而已。看著手上的禮券覺得很有趣，我當然不是因為禮券這種微不足道的金額而去勸客戶留著保單不要解約，而是我很清楚地知道，就算是大幅震盪，這樣的經濟波動也只是暫時的，景氣終究會循環，如果就這樣冒然解約，損失的絕對是客戶自己。在這次事件當中，我只是做了每個有良知的保險從業人員都會做的事情：身為有良心且道德意識的專業保險從業人員，要站在客戶的立場，替他們好好守著保單與權益。

面對當初的情況，不解約真的好嗎？當然好！

當初在股市一片大好的時候，8％預定利率的保單的確是很多人看不上眼的收益，在金融海嘯的時候，很多人害怕自己連本金拿不回來，所以寧可不要這8％的保單預定利率，紛紛解約，聽我勸告將保單留下來的客戶，在歷經股市崩盤，景氣復甦，又歷經多年，一直到現在，只要講到當初留下來的保單都笑得合不攏嘴，慶幸自己沒有因為一時的恐懼而衝動解約。因為8%預定利率的獲利放在現在這個通膨的時代，就變成了難得的高獲利，想想，不管是定存還是哪一種投資，要穩健獲利8%保單預定利率是很難的一件事。每一份保單的成立都是經過通盤思慮的決定，所以不到最後關頭，絕對不要讓客戶輕易解掉自己的保單，即便是現在3%或4%保單預定利率也一樣。客戶或許無法感受到差異與重要性，但是身為保險業務員，就應該要秉持自己的專業好好守護客戶。

如果要給保險業務員一個定義，我認為我們不僅是客戶需求的滿足者、條約第一線的把關者，更是客戶權益的守護者。我一直帶著這樣的意識在為客戶服務，所以，無論發生什麼事情，面臨什麼衝擊，都能波瀾不驚，臨危不懼。說句玩笑話，雖然我算是「重量級」的人物，但是，大風之所以吹不倒我，絕對是因為我的內核夠穩，而不是因為我的體重太重。保險是我選擇的道路，我始終深信我的選擇是對的，那才是我面對動盪可以穩若泰山，堅若磐石的原因。

春風話語

★信任自己所選擇是打造穩健內核的必須。

★跳開恐懼與擔憂才能夠做出最好的決斷，當遇到事件發生的時候，我們要做的不是跟著質疑，而是加強確認的動作。

★保險業務員與其他業務最大的差異在於，我們不僅是商品的販售者，更是權益的維護者。

★客戶無法顧及到的方方面面，要靠我們的專業來守護。

★保險這一行，不僅是要服務，更多的是「責任」。

★保險業務員不僅是客戶需求的滿足者、條約第一線的把關者，更是客戶權益的守護者。

★內核夠穩就不易受環境波動影響，再大的衝擊都不會倒。

蝴蝶

兩隻蝴蝶在台中火車站裡飛舞，

其中一隻飛入北上列車，飛啊！飛著，

兩小時後牠已身處台北，

另一隻飛入停駐的車廂，

同樣兩小時後，牠仍身處原地！

南山成長列車：您是否隨它安穩的前進！？

人生重要的一件事：

不是您站在那裏，而是您朝甚麼方向前進！

32

態度決定高度，自我管理是最大的驅動力

「妳筆記可不可以借我抄？」因為有事必須處理，所以沒有辦法出席晨會，為了怕不漏掉「金玉良言」，特地向同事借筆記抄錄。

「妳怎麼這麼傻？幹嘛要抄？印一印不就好了？」同事很樂意幫忙，將筆記遞給我的同時，臉上寫著大大的不能理解，工作那麼繁忙，筆記印一印就好，有必要用抄的嗎？

「不一樣，抄一遍我就記得了啊！」我笑著接過筆記。

所謂自律就是自我管理。從小我就是一個相當能夠自律的人。當決定全職投身保險業，這30多年來一直維持準時上班，每逢大小會議必到的工作習慣，即便是現在已經到了超齡的歲數，聽過的會議比辦公室大多數的人還多，聽過的內容比多數人都還要熟悉，仍舊堅持除了特殊的狀況，一定出席參與每一次會議與講習，我不只要求自己要自律更認為應該要做年輕人的榜樣，凡事都以身作則，不管要求什麼，自己都必須要能先做到，如果我們要求年輕人要來參加晨會，自己當然也要到，如果我這個年資都能出席，那麼年輕人怎麼好意思說自己來不了？

當然，人不可能沒有雜事絆身，就算是在學生時代，也不是人人能領上全勤獎，在成家立業、結婚生子之後，人生就有了更多的牽絆，也代表我們身上負有更多的責任，難免因事缺席也是正常的，有時真的沒有辦法到場聆聽，我也不會告訴自己，那就這樣「完美錯過」吧！我認為有事情要處理跟學習是兩件分開的事情，忙碌並不能構成不學習的理由，就算自己缺席，也應該要跟上大家的腳步，即使自己無法出席的理由相當充分，事後我也會到處向同事借筆記，回家之後再一字不漏地抄下來。

很多人覺得我很笨，明明有影印機，偏偏要為難自己。雖然大家都笑我很傻，借別人的筆記去印一印不就好了，為什麼要花時間抄？但是我覺得用影印機印筆記跟用手寫是不一樣的，很多人複印了筆記之後就覺得心安，忙起來之後就束之高閣，往後會不會有機會再翻出來看，真的很難說，而我認為，擁有筆記不能代表擁有能力，唯有踏實記下來的知識才是自己的。單純翻閱影印的筆記並無法讓裡面的字句深刻留在腦海中，透過一字一句抄下來的方式，就能用我自己的方法把知識印在腦海裡，這樣的效果是影印機不能比的。借來的筆記有必須要還的時間壓力，不可能放在自己身邊太久，恰好能夠給自己必須要趕快抄寫完的理由。

上班累不累？當然累！抄筆記手不痠嗎？肯定是痠啊！但是，我相信天下沒有白花的功夫，只要是下功夫記下的，肯定遠遠超過於用影印機印心安的。學習這件事情是一種自發的行為，到底要不要學，想要學到多少，要花多少時間與心力去學，全憑個人決定，所以，自我管理能不能落實，不僅是看平常自己處事的要求，更體現在處於狀況之外的自己要如何自處。有沒有人要求我一定抄寫筆記？沒有！甚至大家都不贊成我用抄寫的方式處理筆記，認為這樣太費時間與功夫，但是我還是抄，甚至一直到了現在的年紀，依然如此，這是對自我的要求，不能有任何例外。

學到了就是自己懂，抄下來就是自己會。現在是知識大爆炸的時代，我們不會的事情就問，不知道就學，我們是年輕人的學習榜樣，年輕人也是我們學習的對象，請教年輕人的時候，我會客氣表達請求「你教會我一次就好。你跟我講，我就一個步驟一個步驟寫下來，我抄下來以後我就不會問你了。」在學習上，我要求自己只能問一次，因為如果每次都問同樣的問題，別人也會不高興，認為我不長進。所以，我不會讓自己有機會再問第二次。

為何我如此嚴格要求自己？心理學有一個有趣的名詞，叫做「破窗效應」。這是說當一間房子的窗子都好好的，就不大容易被丟石頭，但是如果其中有一塊玻璃破了，主人沒有馬上去換補，那麼過幾天，就會有另一塊玻璃被丟破，如果主人還是沒有處理，那麼一段時日之後，所有的玻璃就都會被丟破了。對於自我管理，也是這麼一回事。雖然每個人都有疲累的時候，也常常萌生想要懈怠的念頭，但是只要讓自己一直保持著平常的做法，就能夠維繫一定的水平，如果有意外狀況耽擱了平常的進度，卻告訴自己，就這一次而已，沒有關係，就算這次沒有做也不會有太大的影響，那麼下次遇到同樣的情況，就容易因為之前允許自己沒做，就告訴自己這次沒做也沒什麼大不了，久而久之，允許自己偷懶的情況就會越來越多，慢慢地在心態跟行為上就會妥協了，所以，自我管理是不能夠輕易妥協與鬆動的。

做別人不做的事，看似傻氣，但人生能夠穩定前行，有時後只憑一股堅持去做的「傻勁」。很多人問我，是什麼讓我三十年如一日，我常覺得，自我管理就是我最大的驅動力。因為我不會容許自己找任何理由不出席，也不會給自己任何藉口不抄筆記。對我來說，扣除掉有可能的意外，在正常情況下，從來都沒有能不能到場的問題，只有我想不想到場而已，而我一定會到場。從這件事情放大到所有的業務，我都是一樣的態度，對於自我要求，絕對不破防。

簡而言之，自我管理的能力決定了業務力的建立。業績不一定是自己訂的，但想做多少，花多少時間與心力去做卻是自己決定的。從事業務這一行，自律就是保持自己在軌道運行的動力，想要得到多少，取決於自己想要做多少，以及願意花多少時間跟心力去做，一但決定了，只要堅持「不破防」就好，這麼一想，很多事情是不是簡單多了？

春風話語

★自我管理的能力決定了業務力的建立。

★業績不一定是自己訂的，但想做多少，花多少時間與心力去做卻是自己決定的。

★擁有筆記不能代表擁有能力，唯有踏實記下來的知識才是自己的。

★挑戰人性不如順應人性，請盡力維持「窗子」的完整，如有破損，儘速更換。

★做別人不做的事，看似傻氣，但人生能夠穩定前行，有時後只憑一股堅持去做的「傻勁」。

★態度決定高度，自我管理是最大的驅動力。

謙卑的力量

不再於形體的大小，氣勢的強弱，

而是用柔軟的姿勢，包覆堅實的心念；

以既懂得保護自己，

也不使對方受傷的厚道，

成就自己，同時也不忘成全別人！

33

堅持千金不換的選擇，信守對自己及客戶的承諾

自從決定踏入保險這一行，就不曾動過換公司的念頭。南山曾經遇到過低潮，也碰過金融危機與同事出走潮，客戶的不安與焦慮攤在面前，我也從不質疑自己的選擇。就算挖角挖到我的腳邊，面對天大的誘惑擺在眼前，我也沒有動搖過，這並不是因為南山給了我其他公司沒有的優渥酬佣，而是因為我一直相信「堅持自己所選擇的」，這是我對自己，也是對客戶的承諾。

南山有三寶，每個新進人員都會被問到：你為什麼選擇做保險？你為什麼選擇南山保險？以及，你想成為什麼樣的保險業務員？當我這個月信誓旦旦地告訴客戶請相信我的規劃，我們的商品很好的時候，我要怎麼在下一個月馬上告訴他，我到了另一家公司服務，或者是告訴他們買其他公司的商品會比較好？那之前我的承諾與客戶交付的信任又算是什麼呢？

因為客戶相信我，我就更應該要站好自己的立場，如果連我都不相信自己的選擇，稍微有誘因就輕易動搖，那我接下來要怎麼告訴客戶以後仍然要全然地相信我？堅定的信任感來自對客戶不輕易許諾，也來自於對承諾不輕易放棄。所以，在選擇了進入南山的當下，就決定自己會在南山服務一直到離開的那一天為止，我從來沒有懷疑過自己的想法。但很快地，我便面臨了人生的抉擇關卡，需要慎重考慮去留。

對我來說，無憂無慮的工作是我的人生準則，但是沒有工作是不會遇到挫折與磨練的，這些可能來自於客戶，更可能來自於一起並肩作戰的夥伴或者是主管。我很慶幸，自己跟對了一位主管，進入了一個很棒的團隊，所以，我在同事這方面遇到的紛擾是較少的，試問自己在這麼長的工作時間裡有沒有萌生過放棄的念頭？有，在當上區經理那一年，遭遇了針對性的為難，原本交好的同事加長官，突然間冷凍我，這讓我百思不得其解，也促發我思索未來。

對我來說，堅持不難，反而是放棄比什麼都難。回家的一路上我不斷跟自己對話，想著從進來公司之後的點點滴滴，同事相處與客戶之間的情誼，想到自己已經晉升區經理，也累積了相當數量的客戶，如果就這樣離開了，那他們要怎麼辦？我答應了要服務他們，他們也很相信我，如果答應人家的事情我做不到，那我以後不就不用做人了？窗外的風景快速地閃過，我左想右想，百般糾結。

要放棄嗎？要放棄工作就夠難了，連帶要我放棄客戶，放棄對客戶的承諾，一句話，辦不到！最後，我告訴自己，堅持自己的選擇是對自己的承諾，也是對客戶的承諾。不走了！我就是要留下來！我也應該要自己「長大」才是。每個人都必須長大，長大的過程難免有疼痛，但是很值得。這突然的念頭一轉，也就決定明天還是要快快樂樂去上班，我對客戶的承諾，由我自己守護，而我的快樂，由我自己決定。神奇的是，當我把念頭轉成了我不在乎別人怎麼對我。之後，別人的針對，就再也不能影響到我了。就在我決定自己也該長大，不再需要依賴別人的友情時，我發現了獨立其實也很美好。

當我們確定自己的選擇是對的，那麼就堅持下去，因為做對的事情，永遠都不會錯！有一句話是這麼說的，選擇所愛，愛自己所選擇。當初進入保險這一行，我希望能夠透過保險這個平台幫助人，並且能夠圓滿客戶與自己的人生，這是我想要的，也是我的選擇，怎能因為外在的任何因素而輕易動搖？我相信每個人在業務這個工作上，難免都會遇到挑戰、挫折、壓力或誘惑，讓自己質疑自己的選擇，或者動搖自己的信念，越是如此，越要好好審視自己當初選擇的動機，想要堅持的原因與想要放棄的關鍵，然後，重新再選擇一次，如果重新再選一次，依然堅持，那麼，就會養成百毒不侵的體質了。

永遠允許自己有選擇，在關鍵的時候檢視自己的決定。對的事情是經得起考驗的，就算再選一次，也會是同樣的結果。回顧往事，其實我是非常感激的，我感激自己有過那麼一回的衝動思考去留，才有了重新檢視自己的機會，也感謝老天安排的事件，讓我更堅定自己的選擇。我對自我的了解很通透，不管對自己還是客戶，從來不會輕易許諾自己做不到事情的，更不會輕易放棄自己所承諾過的一切。做保險是對的事，至於對的事，堅持就對了！

春風話語

★堅持不一定是對的，但是，對的事，堅持就對了！

★允許自己在關鍵時刻重新檢視自己的決定。

★堅持自己的選擇是信守對自己與客戶的承諾。

★堅定的信任感來自對客戶不輕易許諾，對承諾不輕易放棄。

★選錯了沒關係，永遠要允許自己有選擇。

★對的事情經得起考驗，再選一次，也會是同樣的結果。

★每個人都必須長大，長大的過程難免疼痛，但是值得。

★不在乎就百毒不侵，不隨之起舞就不受影響。

34

把快樂帶給客戶，更要把笑容帶給家人

「玉春啊！我只要看到妳來就好開心！」客戶開門時看到我，開心地跟我說。

「因為我是有福氣的人，我把福氣帶來給您啊！」我堆滿了笑容，走進客戶的家門，覺得自己今天一定會很順利。

業務出門見客戶就是要笑臉迎人，不可能鬆懈，所以選擇從事業務這一行，調整情緒的能力是很重要的。不管拜訪多少客戶，走進客戶的門，我一定是笑嘻嘻的，絕不會把上一個客戶的好壞心情帶給下一個客戶。不只是情緒，就連自己的狀態也是要管理的。

以前拜訪住公寓的客戶，總是要爬很多的樓梯，一天當中爬上好幾回，有時氣喘吁吁地爬到五樓，人都快要站不穩了，此時我一定不會馬上按門鈴，而是先讓自己在門口喘一會兒，調整好氣息，同時整頓一下服裝儀容，然後深深吸一口氣才按門鈴。客戶應門的時候，看見的就是我開心的笑容，自然也會開心起來。他們很愛看到我的笑臉，覺得看到我就是春風滿門，感覺就是迎了好運進家門。

帶著開心的笑容進門是我長久以來養成的習慣，不僅是拜訪客戶，就算是回家也是一樣笑著進門，這要感謝我的婆婆，讓我體會到了有沒有帶上一個笑容的差別有多大。

早年在學校上課的時候，我不僅白天要教書，晚上還上補校課，所以回到家的時候都很晚很疲累，雖然我不曾帶著情緒進門，但一天的精力也用了差不多，疲倦全寫在臉上，每次回家總是頭低低地進門，簡單跟婆婆打了招呼就進房間了。一次，婆婆的問話，改變了我之後進門的狀態。

「玉春啊，妳今天不開心嗎？」婆婆見我頭低低進門，輕輕問了一句。

「沒有啊。」我愣了一下，心想，我是不會把情緒帶進家門的人，也沒有不高興，媽怎麼會這麼問呢？

「那是我哪裡做得不好，妳不滿意嗎？」婆婆笑著說。

婆婆輕輕的一句看似玩笑的話，讓我注意到了自己進門的表情與狀態會連帶地影響家中其他人的心情。雖然家人不是我們的客戶，但卻是我們永遠的支柱，如果我們要把快樂帶給客戶，同樣也應該要把笑容留給家人才是。從此之後，不管發生什麼事、不管時間再晚、工作再累，當回到家握住門把的那一霎那，我會提醒著自己：要笑著進門。就算是真的累到無力，在回家進門之前，我也會在門口先站一下，調整好氣息，深呼吸，笑，再推門。

當然這在一開始的時候，有點難，五次裡面總會有一兩次忘記，後來，慢慢地，就變成了一種習慣，只要手握在門把上，我的笑容就會自然而然地出現在臉上。雖然這一開始是為了不讓婆婆有誤解而做的刻意練習，沒想到，笑著笑著，就變成了一種自然而然的狀態，我每天都開心地進門，就好像今天發生了什麼天大的好事一樣。他們看見我笑嘻嘻進門，也跟著開心，我的笑容讓家人忘記了一天的辛苦，而家人的快樂，濾掉了我一天的疲憊。只要一個笑容，就能讓彼此的疲累一掃而空，大大地增加了彼此相處的快樂。

很多人認為，在外面交際就已經很累了，回到家當然要放鬆，所以就忘記了關照家裡人的心情。我們總是把快樂留給別人，把真實的情緒帶回家中，忘記我們可以在前線安然衝鋒，是因為家裡有最佳支援與後衛，我每天按時到公司上班，忙到九點多回家，多虧了我的婆婆在家裡操持家務與幫忙照顧孩子，才能讓我在工作與家庭間達到一個平衡，如果我每天回家都苦著一張臉進門，那我的婆婆一定覺得很難過，甚至可能也會因此累積大大小小的情緒，認為自己在家辛苦幫忙帶孩子，還要看媳婦的臉色，所以，我非常注意回家的時候自己的小表情，因為只要婆婆開心，那麼帶孩子就會用心，我當然就更順心。

快樂是一種習慣，這不需要假裝，自然而然就會。我本來就是個樂觀開朗的人，快樂工作是我的ＫＰＩ，我並不是因為要討好客戶或婆婆才讓自己進門笑得很開心，而是知道每個人都希望別人看到自己會開心，所以，當我拜訪客戶的時候，彼此照面的當下，表情就顯示出看到對方的心情。

有時候，我們會疏忽了表情所傳遞出來的訊息，可能我們並沒有不高興，但是，看起來卻不那麼開心，就連有時候只是好好地坐著想事情，孫子都會問我：「阿嬤，您怎麼了，您不開心嗎？」可見有沒有笑容掛在臉上的差別有多大。

如果不是跟我一樣每天笑嘻嘻的人，沒關係，試著讓自己笑的次數多一點，笑得再開心一點。笑容是要刻意練習的，硬擠出來的笑容有時候比不笑更讓人難過，雖然我練習帶著笑容進門，但我一定是真誠開心的，笑久了，我發現大家都會從中受惠，客戶因為我帶著笑意的拜訪有了一天的好心情，家人因為我笑著回來有了快樂，而當中，受到最大好處的是我自己，因為客戶開心就容易成交，家人開心就無後顧之憂，在一天的時間裡，除了睡覺之外，我都是開開心心的。心情愉快，人就不老，比吃什麼補藥都有效。

很多人很重視經營客戶關係，但是卻忘了家人的關係是一輩子的，許多先生埋怨太太在家不知道他們在外工作的辛苦，總是臭著一張臉對自己，但是這有可能是做先生的進門就先擺了一張臭臉，那麼，怎麼可能會有好臉色，人都是互相的，當太太的也希望自己的先生看到自己是開心的啊！希望別人開心，就先以笑相待，當我帶著笑容進門，客戶開心，業務就順利，當我帶著笑容進門，婆婆跟家人看到我也相當開心，家庭自然和樂。家庭和樂，我就沒有煩憂，自然看見客戶又更開心，這是一種正向的循環，人和，萬事行，家和，就萬事興！

春風話語

★每個人都希望開門見喜，客戶是，家人也是。

★讓開心變成一種習慣，讓笑容成為最棒的伴手禮。

★希望別人看到自己會開心，就先把開心帶給別人。

★見面三分情，笑著見面再加三分。

★笑容是最好的破冰神器。

★開開心心出門，快快樂樂回家，業績長紅，家人常喜，健康常在。

35 只要身邊的人一切都好，做什麼事都會好

「媽媽，妳會不會照相？」同事的孩子在辦公室東張西望，突然間回頭問了自己的媽媽。

「為什麼忽然問我會不會照相啊？」

「因為妳只要會照相就好啊！妳看那個阿伯，只要照相就可以當總監了，媽媽，妳到夏天要趕快學拍照，那妳就可以當總監了。」孩子的童言童語讓大家笑翻了天。

我的長官，也是金城通訊處永遠的老大—陳榮昌，就是小孩口中「那個會拍照的總監阿伯」，沒有長官的派頭，也沒有什麼主管的威嚴，帶著一副黑框眼鏡，西裝褲窄窄短短露出一大截襪子，每天笑呵呵地站在門口，就像個慈祥的大叔，見人就問：

「玉春啊，妳今天快樂嗎？」

「玉春啊，妳婆婆最近怎樣啊？」

「玉春啊，小朋友幾年級啦？最近好嗎？」

他從來不談論我們業績好不好，客戶有沒有簽下保單，他只問，妳好嗎？妳婆婆好嗎？妳小孩好嗎？甚至有一次，當月的業績很不好，不是一個人不好，是全部的人都不好，大家都沒有什麼業績表現，很擔心，也怕老大被上頭釘，結果他反而當著大家的面把業績統計的紙撕掉扔到一旁，對我們說，不用管這個。他只在乎大家好不好，在金城快不快樂，業績反而是次要的，在他心裡，只要我們好，我們身邊的人好，那麼業績一定好。

多數時間，他做的事情不是盯著大家的業績表現，而是拿著相機記錄大家的生活，因為有他，很多美好的珍貴片段才能夠保留在大家的生命中。他不只拍照，還將照片沖洗出來，提字、護貝，然後送給影中人。每到重大節慶或者特別的日子，也會做些卡片印給大家送到客戶手中，或是提些字給大家做紀念。

可能很多人會認為這樣無為而治的長官，底下一定亂成一團吧？不，完全相反，我們不但快樂而且非常自律，有一年大家甚至自動自發拼千萬業績，就為了把他送上了總監的位置。他從來沒有要求過我們的業績，更不可能要我們為了他的升遷去衝業績，但是，我們心甘情願為他努力，因為我們每個人說的話他都記得清清楚楚，甚至比我們還要關心我們自己跟家人。他每天整理照片，寫寫字，聊聊生活小事，感覺他好像沒做些什麼，卻好像什麼都做了。他默默地記錄著每一位同仁的生活與成長，對於每一個員工都瞭若指掌，更願意成為每個人身後最堅實的守護。

不只是總監對我們很好，總監夫人也視我們如家人，她是護理師，平時很忙碌，難得休假，有一次，碰到我婆婆要住院手術，她並沒有當班，卻特地到醫院安排好我婆婆，並陪著到手術室，我婆婆相當感動，拍著她的手對她說：「陳太太，謝謝妳，有妳在，我真的好放心。」當她知道婆婆生病，她不是嘴上安慰，而是身體力行，做到對我最大的幫助，有多少主管能做到這樣子的愛下屬如子女？

有老大在，我們都很放心，畢竟這樣「奇葩」的長官，提著燈籠也找不到。在他眼裡，我們家人好不好？我們身體好不好，永遠比業績好不好更重要。他關心我們的心情與生活，男同事如果有心事，他會來場Man's Talk，如果是女同事，他不方便問，也會請我們相互去幫忙了解情況，金城就像是一個家，而他就是我們的老大，我們從來不分彼此，凝聚力強大，從他口中不會聽到灑狗血似的精神喊話，也不會聽到大聲責難與要求，只會聽到，你好嗎？先生好嗎？孩子好嗎？然後幫我們一一解決問題與困擾，他讓我們可以無後顧之憂，全力往前。

老大的宗旨就是，只要把身邊的事情處理好，其他的就自然會好。當身邊的事情都是好的，就沒有雜事困擾或者必須要分心的事情，什麼都順，自然能夠把工作做好。他的作風也深深影響了我們，我從來不問簽一份保單我能夠拿到多少的薪資，能夠創造多少的業績，只在乎，客戶好不好？這張保單好不好？簽這張保單對我的客戶好不好？我能夠為客戶做到什麼可以讓他們的生活更好？

回想當初那個童言童語問著媽媽會不會拍照的孩子，今年已經快要三十歲了，而那個會照相的總監阿伯，也到天上去當天使了。一直到現在，全金城上下都還是很懷念祂。偶爾我們再一起聚餐，還是會叫上一份老大愛吃的菜，也會多替祂安排一副碗筷，招呼祂一起吃飯，就像祂依然在我們身邊不曾離開。

春風話語

★業績好不好取決於客戶好不好，關心保單成交前先關心客戶的需要。

★搞定客戶之前，先搞定自己。

★當身邊所有的人事物都好的時候，無論做什麼都會很好。

★從內而外的力量才能長久。

36

保險做到八十八，每天都是第一天

如果經營保險有時限，那麼我要做到八十八歲。

「玉春啊，妳怎麼都沒有變？」好幾十年的朋友，見到我，總是這樣問。

歲月催人老，我一頭烏黑亮麗的秀髮已經轉成銀光閃閃的白髮，怎麼可能都沒有變？我想一直以來不變的是我的笑容，以及始終如一的待人態度，還有對保險三十六年如一日的熱情。我現在每天上班都跟第一天上班一樣興奮，在 109 年的時候我做人超盃，也順利增員兩人，每次公司舉辦高峰特攻隊，我也都一定是率先舉手參與的那一個。

人家說：「家」有一老如有一寶。在南山這個大家庭裡，我就是個「寶」，因為，正是因為我的年紀大，所以我擁有新人沒有的經驗，我的專業在時間的淬煉下更加豐厚，年紀跟閱歷也讓我更為圓融溫潤，年紀大並不減少我的熱情與活力，我最驕傲的事，就是從事保險的這三十六年來，都始終如一：用一樣的熱情工作、一樣的專業服務客戶、一樣的自律要求自己、一樣的真誠與客戶交心，一樣的投入學習成長以及一樣的努力看待保險這份事業。

很多工作資歷超過二十幾年的同業碰到我開開心心去拜訪客戶的時候，都會問我：「妳還在做？！嘉泥啊打拼（這麼努力）？」通常大多數人看工作超過三十年的我每天風雨無阻上班，熱力十足做保險，都很不解，外表上看來我就是個應該要待在家裡含飴弄孫的阿嬤，怎麼比個年輕人還有青春活力？我常對朋友說：「我早就到了法定退休的年齡，但是，保險這一行，沒有退休的那一天。」很多人認為，年紀大了就該要養老，我跟我的孫子說：「阿嬤要做到八十八歲。」為什麼我到現在還這麼努力，因為身教重於言教，所以我要做好孫子的榜樣。

保險這一行要做很簡單，也很不簡單。但是想要成功，就只有一個訣竅，那就是不管做多久，都用一樣的態度來過每一天。從決定要做保險的第一天開始，我便告訴自己，要做就要努力做，人家努力做都不一定會有成果，那我不努力就肯定不會有成果。行銷是一種重複的工作，要每一次都保持第一次拜訪客戶的熱情很難，我不是個一開始就熱情如火的人，因為刻意裝出來的熱絡很容易在達到目的之後消失，我寧願真心相待，當一個可以讓人如沐春風，感受到溫暖的人。

可能我有內建恆溫裝置，所以我的溫暖火光從來沒有稍減過，我可以自信地說，三十六年來我對人的態度始終如一，每個我認識的人在我身上感受到的溫度，從第一天開始到現在都不會改變。

這源源不斷的熱情來自於我將自己定位成給予者，我是要去帶給客戶快樂的人，我要做的事情是去圓滿客戶的人生，所以，我並不會因為今天客戶成交保單的意願高低或者是成交保單的大小而有差別待遇，每一個人在我心目中都一樣重要，我帶著使命感完成每天的工作，而我的工作就是力求圓滿，我希望跟我買保單的每一個人都是快樂的，只有每一份保單都是在自己圓滿與客戶圓滿的狀況下成交，客戶才會快樂，緣分才能長久。

從業至今，我一直保有著致力圓滿客戶人生的使命感。如果一份五百元的旅平險保單可以讓客戶的人生更圓滿，對我來說就是一份必達的使命，不管客戶在多遠的地方，一定親自去跑，只要是我的客戶，不管是親疏遠近，都一定服務到位，因為這是責任所在，我認為任何事都要經得起檢驗，我做的一切就算放到二十年後來檢驗都是沒問題的，所以可以安心領取每一分因為盡心盡力而得到的報酬，正因為問心無愧，即使沒有顯赫的頭銜，只是個平凡的保險公務員，我也打從心底感到驕傲，可以一路笑到老。

很多人認為成功一定要名利雙收，我承認保險是個可以讓人追求利益的舞台，數學老師的先天優勢就是會算，而且我也熱愛賺錢，但是進入保險業以來，卻從來沒有以追求利益為優先考慮，在我心裡，保險是一個助人的平台，更是可以圓滿人生的工具，成功對我來說就是圓滿自己與身邊每一個人的人生。追求卓越是一種社會化的過程，但誰說平凡安穩就不能過上好日子？很多人都看到保險界拼搏業績的那一面，但是我相信在這個行業裡，一定有很多人跟我一樣，用平常心在經營保險，四平八穩地做好每件事情，把客戶當成朋友來交心，擁有因為努力而來的報酬，快樂的過每一天，這難道不能算是成功？

人的一生總會有很多的追求，也是這些追求帶著我們一路不斷往前，我很幸運自己能夠在很早的時候便完成人生的夢想清單，那在夢想完成之後呢？我有房、有車、兒孫滿堂，有愛我的丈夫，有關心我的朋友，還有一個帶給我快樂與滿足感的工作，衣食無虞，萬事不缺，那我還要追求什麼？

我追求的只有兩個字：圓滿。也就是讓自己與身邊所有人都能夠過上心圓、事圓、人圓的人生。所以「退休」這兩個字不存在我的規劃當中，我期許自己保險能做到八十八（歲），每天都可以開心笑哈哈。

在我看來，與其廝殺拼搏在峰頂曇花一現，不如安步當車笑傲江湖。只要我們能夠走穩腳下的每一步，保險就是一條最好的路。

春風話語

★圓滿人生是我的最佳選擇。

★與其廝殺拼搏在峰頂曇花一現，不如安步當車笑傲江湖。

★走穩腳下的每一步，保險就是一條最好的路。

★追求卓越是一種社會化的過程，誰說平凡安穩就不能過上好日子？

★我平凡，我驕傲，因為我可以一路笑到老。

★熱情如火難以持續，恆溫才能舒適長久。

企管銷售 58

心圓、事圓、人圓

走平凡的路 圓最真實的夢想

・作者 林玉春
・文字整理 李少彤
・插圖 秦芷寧
・美術設計 張峻槺

・發行人 彭寶彬
・出版者 誌成文化有限公司
116 台北市木新路三段 232 巷 45 弄 3 號 1 樓
電話：(02)2938-1078 傳真：(02)2937-8506
台北富邦銀行 木柵分行（012）
帳號：321-102-111142
戶名：誌成文化有限公司

・總經銷 采舍國際有限公司 www.silkbook.com 新絲路網路書店

・出版／ 2023 年 7 月 初版一刷
・ISBN／ 978-626-96030-6-0(平裝)
・定價／ 新台幣 320 元

國家圖書館出版品預行編目(CIP)資料

心圓 事圓 人圓：走平凡的路 圓最真實的夢想 / 林玉春著 .
臺北市：誌成文化有限公司, 2023.06
272 面；148*210 公分 . --（企管銷售；58）
ISBN 978-626-96030-6-0(平裝)
1.CST: 保險 2.CST: 通俗作品

563.7 112010614